W0095133

685016

Roy Porter/Mikuláš Teich
Die Industrielle Revolution

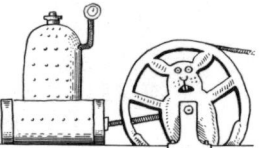

Die Industrielle Revolution

in England, Deutschland, Italien

Herausgegeben von Roy Porter und Mikuláš Teich
Aus dem Englischen von Wolfgang Kaiser

Verlag Klaus Wagenbach   Berlin

Wagenbachs Taschenbuch 307
Deutsche Erstausgabe

© 1998 Verlag Klaus Wagenbach, Ahornstraße 4, 10787 Berlin
Umschlaggestaltung durch Groothuis+Malsy unter Verwendung eines
Photos der Hulton-Deutsch Collection/Corbis. Das Karnickel auf Seite 1
zeichnete Horst Rudolph. Gesetzt aus der Borgis Franklin Antiqua
(Berthold) von der Offizin Götz Gorissen, Berlin. Gedruckt auf chlor-
und säurefreiem Papier und gebunden durch die Druckerei Wagner,
Nördlingen. Printed in Germany.
Alle Rechte vorbehalten.
ISBN 3 8031 2307 0

Inhalt

Sidney Pollard
Die Industrielle Revolution in Europa

Der Begriff »Industrielle Revolution« ist weithin gebräuchlich und wird in vielen Sprachen verstanden. Und doch ist er von Kritik nicht verschont geblieben. Ursprünglich wurde er für Großbritannien geprägt, in bewußter Entsprechung zu den politischen Erhebungen auf der anderen Seite des Ärmelkanals, die als Französische Revolution bekannt sind. Entsprechend sollte der Begriff »Industrielle Revolution« nach der Auffassung mancher Historiker allein auf die Britischen Inseln bezogen verwendet werden. In der jüngsten Zeit haben eine Reihe von Kritikern sogar die Meinung vertreten, der Begriff sei selbst für Großbritannien ungeeignet und könne daher auf andere Länder erst recht nicht angewandt werden.

Der Hauptgrund für diese sehr skeptischen Einwände ist eben dieser implizite Vergleich mit der Französischen Revolution. Im Unterschied zu ihr wurde die Industrielle Revolution nicht gesteuert, geplant oder durchgesetzt. Sie geschah einfach – als Ergebnis des unkoordinierten Handelns von Tausenden, vielleicht Hunderttausenden von Menschen. Sie hatte keinen eindeutigen Anfang wie die Revolution in Paris und auch kein bestimmbares Ende. Keine der einschlägigen statistischen Zahlen wie das National- oder das Pro-Kopf-Einkommen, der Anteil der Beschäftigten in der Industrie oder die Investitionsquote zeigt – selbst wenn sich verläßliche statistische Reihen erstellen ließen – zu irgendeinem Zeitpunkt einen deutlich bestimmbaren Einschnitt. Die verfügbaren Zahlen lassen bestenfalls eine langsame Veränderung der Wachstumsraten über einen ziemlich langen Zeitraum erkennen. Selbst wenn man ausgeklügelte statistische Methoden anwendet, um dort einen Bruch auszumachen, wo das Auge nur eine sanft ansteigende Kurve sieht, hängt dieser Einschnitt von der verwendeten statistischen Formel ab, und verschiedene Formeln führen eben zu verschiedenen »turning-points«. Es überrascht also kaum, daß es nicht nur in Großbritannien, sondern in allen Ländern Meinungsverschiedenheiten über die genaue Datierung der »Industriellen Revolution« gibt. Und dies, obwohl die Wissenschaftler in jedem Land darin übereinstimmen, *daß* es zu einem solchen Durchbruch kam und daß er datiert werden kann. Sie stimmen auch darin überein, daß es am Ende dieser Zeit des Wandels, des Durchbruchs oder »Take-off« weiterhin große Bereiche der Wirtschaft traditionellen Zuschnitts gab: handwerkliche Fertigung in kleinen Werkstätten, ländliches Gewerbe und auch eine bäuerliche Landwirtschaft, die neben den modernen Fabriken und Bergwerken samt dem damit verbundenen Transportsektor überlebt hatten. Zudem muß die Industrielle Revolution, anders als die kurzfristigen, einschneidenden Ereignisse der Französischen oder noch mehr der Revolution der Bolschewiki, in Jahrzehnten statt in Wochen berechnet werden. All dies hat einige Historiker zur Überzeugung gebracht, das ganze Konzept sei ungeeignet und die Industrielle Revolution sei ein »Mythos«.

Dennoch blieb der Begriff weit verbreitet, und keiner der Autoren dieses Bandes bezweifelt seine Nützlichkeit. Sie stimmen alle darin überein, daß die Auswirkungen der Industriellen Revolution mannigfaltig und vielgestaltig waren. Aus den von ihnen hervorgehobenen Elementen des historischen Prozesses in ihrem eigenen Land sollte es möglich sein, ein Gesamtbild dessen zusammenzusetzen, was als Industrielle Revolution in Europa stattgefunden hat.

Die größte Übereinstimmung im Rahmen des Gesamtkomplexes der Veränderungen besteht vermutlich in der Einschätzung des Wandels, der sich innerhalb der gewerblichen Produktion selbst vollzog. Entscheidend waren in jedem Einzelfall die technischen Umwälzungen durch die Einführung neuer Maschinen und neuer chemischer Verfahren.

Natürlich hatte es auch in früheren Epochen technische Erfindungen und Neuerungen gegeben: Die Walkmühle, der Strumpfwirkerstuhl, das zweistufige Verfahren der Eisengewinnung sind Beispiele recht komplizierter und teilweise auch recht kapitalintensiver Erfindungen, die das Produktionspotential bestimmter Gewerbe in früheren Jahrhunderten verbesserten. Der Unterschied liegt darin, daß es nunmehr zu einer ununterbrochenen Kette, oder besser, zu mehreren Verkettungen von Erfindungen mit weit größeren Auswirkungen kam. Sie führten zu sehr viel größeren Produktivitätssteigerungen und zugleich zur Schaffung neuer Produkte. Außerdem brachten sie einen Mechanismus kontinuierlicher, unaufhörlicher und irreversibler Verbesserungen hervor.

Dies hatte mindestens zwei Aspekte. Zum einen war der Prozeß technischer Innovation gewissermaßen institutionalisiert. Erfinder und Tüftler waren nicht nur willkommen und im Prinzip des Schutzes durch die entstehenden Patentgesetze sicher, sondern im Maschinenbau, aber auch andernorts wurden Verbesserungen und Neuerungen fast Teil ihres Alltags. In ähnlicher Weise kam es, immer noch auf der Angebotsseite, zu einer veritablen Revolution in den Naturwissenschaften. Diese hing zum Teil von den Entdeckungen in den Werkstätten ab, zeigte aber auch umgekehrt dem Denken der Techniker neue Wege und zugleich Grenzen auf. Die Entdeckung der Entdeckung wurde ein Gemeinplatz und eine wesentliche Antriebskraft. Deutlich ist auch, daß die Erfindungen, sobald sie nicht mehr isoliert, sondern weit verbreitet waren, sich gegenseitig unterstützten: Jede konnte nur dann Fortschritte machen, wenn andernorts andere Erfindungen gemacht worden waren. So benötigten etwa tiefer ins Erdinnere vorangetriebene Stollen dampfgetriebene Pumpen. Die Dampfmaschine zog, technisch verändert und auf Räder gestellt, Eisenbahnzüge. Die Eisenbahn wiederum war abhängig von der billigen Massenproduktion von Eisen, machte aber auch die Ausbeutung der Kohlenbergwerke möglich, die ursprünglich den Anstoß zur Verbesserung der Dampfmaschine gegeben hatten. Dies war der »Take-off« der technischen Entwicklung: Oftmals war es die reine Technologie, die man in Großbritannien vorfand, und nicht die mit ihr verbundenen Kostensenkungen, die ausländische Besucher und Regierungen beeindruckten und sie dazu brachten, die Neuerungen der fortgeschrittenen Länder nachzuahmen.

Zur gleichen Zeit gab es wichtige Veränderungen auf der Nachfrageseite. Steigende Produktivität führte zu steigenden Einkommen; dies wiederum machte Neuerer und Erfinder zuversichtlich, daß es für ihre neuen Produkte und Verfahren einen Markt geben würde. Die technischen Verbesserungen der Transportmittel – die zu den wichtigsten Veränderungen der Zeit gehörten – brachten auch billigere Rohstoffe zu den Industriellen; deren Produkte wiederum konnten so neue Märkte erschließen. Umgekehrt zwang die Überschwemmung der weniger entwickelten Märkte in Mittel-, später in Ost- und Südeuropa mit solchen Produkten die an überkommenen Verfahren festhaltenden Industriellen zu Neuerungen, wenn sie nicht untergehen wollten.

Es überrascht also nicht, daß die Industrie im Rampenlicht der Darstellung steht. Doch die Rolle der Landwirtschaft wird nicht vernachlässigt: schon deshalb, weil sie in den meisten Fällen sehr viel mehr Menschen beschäftigte als die Industrie, nicht nur zu Beginn des Prozesses, sondern selbst noch an seinem Ende. In einigen Ländern, namentlich in den Niederlanden und in Großbritannien, unterstützte ein höchst effizienter Agrarsektor, der im Kern schon vor dem industriellen Durchbruch modernisiert worden war, den Industrialisierungsprozeß: Er sorgte für steigende Einkommen, bot einen Markt für gewerbliche Erzeugnisse, steigerte den Zustrom von Rohstoffen in die Städte und gab Arbeitskräfte an die Fabriken und Werkstätten ab. In Frankreich hingegen hat wohl eine zufriedene und unbewegliche Bauernschaft zumindest in der ersten Hälfte des neunzehnten Jahrhunderts potentielle gewerbliche Unternehmer in ihren Möglichkeiten gehemmt.

Deutschland befand sich in einer besonderen Lage. Während die bäuerlichen Betriebe im Westen und Süden wie die französischen versäumten, der gewerblichen Produktion einen Anreiz zu bieten, verbesserten die großen ostelbischen

Güter – die nur schrittweise gezwungen waren, ihre archaischen Züge aufzugeben – sogar ihre Produktivität und sorgten mit ihren Exporten für einen Großteil des Außenhandels, der Deutschland über die schwierigen Jahre zu Beginn der Industrialisierung hinweghalf. Erst gegen Ende des neunzehnten Jahrhunderts ließen technische Verbesserungen in den bäuerlichen Betrieben im übrigen Deutschland die landwirtschaftliche Produktivität auch dort wachsen.

An der europäischen Peripherie, in Spanien, Ungarn, Italien und Rußland, verzögerten unwirtschaftliche und von Armut geplagte Agrarsektoren zweifellos den Beginn der Industralisierung. Gleichzeitig konnte aber die ländliche Überbevölkerung dort keine Arbeit in der nahe gelegenen Industrie finden, und Millionen wanderten nach Übersee aus. Nur wenige Bauern aus dem italienischen Mezzogiorno, aber die meisten überschüssigen Arbeitskräfte aus den deutschen ostelbischen Gebieten konnten in die Industrieregionen innerhalb ihres eigenen Landes ziehen.

Neben den technischen Veränderungen richtete sich die größte Aufmerksamkeit in den länderspezifischen Darstellungen auf die industrielle Organisation als einen wichtigen Aspekt der Industriellen Revolution: Das Fabriksystem zog das Augenmerk der zeitgenössischen Beobachter wie der Historiker auf sich. Die Fabrik konnte stärker *unbeseelte* Antriebskraft wie Wassermühlen und Dampfmaschinen nutzen. Sie ermöglichte – wenn nötig – eine logischere Arbeitsteilung. Und sie gab dem Arbeitgeber die Macht, eine weit größere Disziplin und Qualitätskontrolle zu erzwingen als vorher im Heimgewerbe oder im Verlagssystem der »Protoindustrie«. Fabriken eröffneten nicht nur größere Möglichkeiten für die Einführung neuer Techniken, sondern auch für Neuerungen in der Arbeitsorganisation, den sorgfältigeren Umgang mit dem Material – vor allem aber für die Massenproduktion.

Die Massenproduktion, der stetige Ausstoß identischer Erzeugnisse, lag zu einem gut Teil dem Produktivitätsgewinn zugrunde, der die Industrielle Revolution charakterisierte.

Baumwoll- und Wollgarn, später Tuche, gestanzte Metall-
oder Gußwaren waren typische Erzeugnisse, die durch solche Verfahren ungeheuer verbilligt wurden. Auch andere Produktionsstätten, die nicht als »Fabriken« bezeichnet wurden,
arbeiteten nach demselben Grundsatz, die verarbeitete Mate-
rialmenge zu vergrößern. Die Verkokung erhöhte deutlich
die Menge des in individueller Arbeit gewonnenen Eisens,
und dampfgetriebene Pumpen und mechanische Transportmittel steigerten den Ausstoß von Kohlenbergwerken.

Fabriken, Eisenhütten und Bergwerke erforderten große
Kapitalkonzentrationen. Noch größere Summen waren erforderlich, um die notwendige Infrastruktur zu schaffen, insbesondere verbesserte Verkehrsmittel. In den Ländern, die früh
den Weg in die Industrialisierung einschlugen, wurden diese
Geldquellen im vorhandenen privaten Vermögen gefunden.
In den nachfolgenden Ländern mußten die Regierungen Ga-
rantien geben, bevor sich Risikokapital fand: denn dieses
mußte mehrere Entwicklungsstadien, welche die Pionierlän-
der durchlaufen hatten, überspringen. Die Länder, die noch
später auf den Plan traten – Rußland, Schweden, Ungarn und
Spanien –, griffen sehr stark auf ausländisches Kapital zurück, ohne das ihre Industrialisierung wohl sehr viel langsamer vonstatten gegangen wäre.

Fabriken und anderen hochkapitalisierte Produktionsstätten, die viele Arbeitskräfte konzentrierten, veränderten die
sozialen Beziehungen zwischen Arbeiter und Arbeitgeber
und schufen in diesem Prozeß neue soziale Klassen. Statt der
einfachen persönlichen Beziehung zwischen dem typischen
Handwerksmeister und seinem Gesellen, oder den privaten,
auf der Familie beruhenden Arbeitsbedingungen des Heimgewerbes, war die Fabrik öffentlich, unpersönlich und auf
ein reines Lohnverhältnis beschränkt. In früheren Arbeits-
verhältnissen mögliches Verhalten, ein kleiner Schwatz oder
Singen bei der Arbeit, Pausen einlegen, montags blaumachen
und freitags und samstags schneller arbeiten – all dies traf
nunmehr der Bannstrahl des Verbots. Kinder arbeiteten ge-
trennt von ihren Eltern, oft wurden Fertigkeiten nicht vermit-

telt, selbst wenn es förmlich »Lehrverträge« gab, und das Aushöhlen der gegenseitigen Verpflichtung von Arbeitgeber und Arbeiter wurde sinnfällig verdeutlicht durch Massenentlassungen bei Rückgang der Konjunktur und Massenstreiks als Mittel kollektiven Verhandelns.

Die technischen Qualifikationen sind ein komplexes Thema. Einige überkommene Fertigkeiten wurden dadurch entwertet, daß fortan Maschinen Arbeitsgänge übernahmen, die früher von Menschenhand ausgeführt worden waren. Doch an ihrer Stelle mußten neue Fertigkeiten entwickelt werden, und es war oft die fehlende Qualifikation der Arbeitskräfte, darunter das intuitive Verständnis, wie Maschinen arbeiteten oder wie sich Metalle verhielten, die den Technologietransfer von den entwickelten in die anderen Länder so schwierig gestalteten.

Obschon die Fabrik, die Bergwerke und Hütten im Zentrum der Aufmerksamkeit standen, waren sie nur in wenigen Gewerbezweigen wichtig und auch dort nur selten vorherrschend. Sogar noch 1851, als die Phase der Industriellen Revolution in Großbritannien vorbei war, dominierte die Fabrikarbeit höchstens im Textilgewerbe, in der Baumwoll- und Wollverarbeitung, aber nirgendwo sonst. Der »typische« britische Arbeiter war immer noch ein Landarbeiter, Dienstbote oder ein Schneider statt ein Maschinist oder Baumwollspinner. Weite Bereiche der industriellen Arbeitsplätze bedeuteten selbst gegen Ende des Jahrhunderts weiterhin handwerkliche Arbeit in Kleinbetrieben.

Neben der Langsamkeit des Wandels hat der offenkundig partielle Charakter der Industrialisierung dazu beigetragen, daß sich jüngst soviel Zweifel daran regte, ob man überhaupt von einer Industriellen Revolution sprechen könne, selbst im »klassischen« Fall Großbritannien. Doch diese Kritik verkennt die Natur einer industrialisierten Gesellschaft. Selbst heute spielen kleine, auf Handarbeit beruhende Betriebe eine vitale Rolle: Sie sind tatsächlich eine notwendige Begleitung der automatisierten Fabrik. Der Archetyp der modernen, auf Massenproduktion beruhenden Industrie, die Automobilindustrie, mag als Beispiel dafür dienen. Sicherlich beherrschen wenige, riesige Fabriken die weltweite Autoproduktion, aber sie könnten nicht existieren, wenn es nicht Tausende kleine Reparaturbetriebe, Garagen und Automechaniker gäbe.

In der Zeit der Industriellen Revolution wurden immer größere Bereiche der gewerblichen Produktion in einem sich gegenseitig verstärkenden Prozeß umgewandelt zu großen fabrikmäßigen Unternehmen. Wahrscheinlich am bedeutsamsten war dabei, daß dieser Prozeß unumkehrbar geworden war: weil einmal erworbene technische und wissenschaftliche Kenntnisse nicht mehr verlorengehen konnten und weil ihre Erzeugnisse billiger waren als die nach herkömmlichen Verfahren hergestellten Produkte. Solange es Handel und eine Art freien Markt in Europa gab, wurden Produzenten, die es versäumten, Neuerungen zu übernehmen, und die ihre Erzeugnisse zu höheren Preisen auf den Markt brachten, früher oder später vom Markt gedrängt.

Was Großbritannien angeht, so hatten Zeitgenossen keinerlei Schwierigkeiten zu erkennen, daß die Britischen Inseln in eine neue historische Phase eingetreten waren. Ein Land, das sich hundert Jahre vorher kaum von der Masse der europäischen Länder unterschieden hatte, konnte nun mit seiner wirtschaftlichen Stärke dazu beitragen, die Gewaltherrschaft Napoleons zu besiegen. Es hatte ein großes Kolonialreich zusammengebracht, einen überseeischen Markt nach dem anderen erobert, einen bis dahin ungekannten Urbanisierungsgrad erreicht, und es war in der Lage – das wichtigste Merkmal –, in einer ganzen Reihe von Schlüsselsektoren so viel zu produzieren wie der Rest der Welt zusammen. Hier war ganz deutlich eine Kraft am Werk, die mit keiner anderen vor ihr vergleichbar war. Betrachtet man »Industrielle Revolution« als – wie manche sagen – unangebrachte Bezeichnung für diese Entwicklung, so müßte man einen anderen Begriff für ein Phänomen von zweifellos welthistorischer Bedeutung finden. Doch jeder andere Begriff hätte den Nachteil, daß ihm die allgemeine Anerkennung des gewohnten Begriffs fehlen würde.

Es ist theoretisch vorstellbar, daß dieses Bündel technischer, organisatorischer und sozialer Veränderungen, die wir zusammen als »Industrielle Revolution« bezeichnen, gleichzeitig in vielen Gegenden Westeuropas in Gang gesetzt worden wäre, die sich hinsichtlich der handwerklichen Fertigkeiten, der wissenschaftlichen Kenntnisse und der akkumulierten Reichtümer auf einem ähnlichen Entwicklungsstand befanden. Insbesondere Frankreich könnte man sich als fruchtbaren Boden für das frühzeitige Sprießen industrieller Neuerungen vorstellen. Doch es ist ganz deutlich, daß ein derartiges polyzentrisches Wachstum nicht stattgefunden hat.

Vielmehr kam es – trotz vereinzelter vielversprechender Initiativen andernorts – für etwa ein halbes Jahrhundert nur in einem Land zu Veränderungen auf breiter Front, bevor andere mehr oder weniger bewußt das zu übernehmen begannen, was in Großbritannien an Neuem geschaffen worden war. Es kann sehr wohl sein, daß angesichts der relativen Armut der europäischen Gesellschaften im achtzehnten Jahrhundert und der Begrenzung der Weltmärkte die Konzentration auf ein einziges Gebiet (nicht so sehr notwendigerweise auf ein Gebiet innerhalb Britanniens als vielmehr auf eine begrenzte Reihe von Gewerbelandschaften) notwendig war, um Ressourcen zu sparen und durch gegenseitige Unterstützung und eine Reihe äußerer Sparmaßnahmen einen Prozeß zu beschleunigen, für dessen überall gleichzeitigen Start man zu schwach gewesen wäre. Aber dieser unizentrische Start hatte wichtige Konsequenzen für Großbritannien und für ganz Europa.

Zu den Konsequenzen der einsamen Vorreiterrolle Großbritanniens gehört nicht nur eine Ausprägung des ökonomischen Wandels, die sich von anderen Ländern unterschied, sondern auch eine spezifische Beziehung zwischen Großbritannien und dem übrigen Europa sowie eine besondere Rolle der britischen Wirtschaft während des größten Teils des neunzehnten Jahrhunderts.

Im Unterschied zu den nachfolgenden Ländern, die mit einem kompakten Block sich gegenseitig verstärkender Veränderungen konfrontiert wurden, geschah die britische Entwicklung langsam, stückweise und unbewußt in dem Sinne, daß sie nicht als ein Ganzes gesehen wurde. Innovationen fanden zunächst in einer entfernten Ecke des Landes statt, dann, vielleicht unabhängig davon, in einer anderen. Die Kohleförderung wuchs erst im Nordosten Englands, dann in anderen Gegenden; Schienenwege und Kanäle wurden gebaut, um die Kohle mit anderen Wasserwegen und entfernteren Märkten zu verbinden. Unterdessen, in wieder anderen Teilen des Landes, verbilligten Kokshochöfen die Eisengewinnung und ermöglichten es, örtliche Erzvorkommen zu verhütten, während andernorts der Flammofen die Kosten für die Gewinnung nicht eisenhaltiger Metalle verringerte. Und wieder andernorts reduzierten Spinnmaschinen, zuerst weitgehend aus Holz gefertigt und mit Wasserkraft betrieben, die Kosten der Garnproduktion. Die Aufzählung ließe sich leicht fortsetzen.

Mehrere dieser Innovationen führten zu spektakulären Produktionssteigerungen und zugleich zu Kosteneinsparungen, aber jede Entwicklung dauerte Jahre und deckte nur einen kleinen Bereich der Wirtschaft ab. Selbst wenn ein Bereich, der etwa ein Prozent der Gesamtproduktion repräsentierte, seine Produktion in drei Jahren verdoppelt hätte, eine wahrhaft märchenhafte Veränderung, wäre dies in der volkswirtschaftlichen Gesamtrechnung kaum sichtbar geworden, ebenso bei ähnlichen, nur wenig später vollbrachten Leistungen. Spektakuläre, »revolutionäre« Veränderungen in einem Bereich der britischen Industrie nach dem anderen blieben für lange Zeit in den Statistiken der volkswirtschaftlichen Gesamtproduktion weitgehend unsichtbar. Doch nach einer gewissen Zeit machten zwei sich parallel vollziehende Veränderungen die Auswirkung dieser Zunahmen bemerkbar. Zum einen erlebten ganz neue Sektoren revolutionäre technische Veränderungen, die den bestehenden Aufwärtstrend ergänzten. Zum anderen stellte ihr beschleunigtes Wachstum sicher, daß die modernisierten Sektoren einen zunehmend größeren Bereich der gesamten Wirtschaft bildeten. Damit übte ihre Wachstumsrate, selbst wenn sie nicht weiter anstieg, einen zunehmend stärkeren Einfluß auf die volkswirtschaftlichen Zahlen aus. Darin liegt eine Erklärung dafür, daß in Großbritannien so viele der qualitativen technischen Veränderungen sich am Ende des achtzehnten Jahrhunderts vollzogen, während die rasch ansteigenden Wachstumsraten erst in der Mitte des neunzehnten Jahrhunderts faßbar wurden. Dieses Phänomen läßt sich auch in Schweden, Deutschland und weiteren Ländern deutlich ausmachen. Doch im ganzen gesehen konnten die nachfolgenden Länder selbst in der Frühphase der Industrialisierung ein schnelleres Wachstum als das für Großbritannien erwartete erreichen.

Außerdem nahm die Struktur der britischen Wirtschaft auf Grund ihrer Vorreiterrolle, und auch auf Grund ihrer vorangegangenen Rolle im Welthandel, die zu ihrer Vorreiterrolle beigetragen haben mag, eine andere Gestalt an als die der meisten europäischen Länder. Zum einen sank die Beschäftigung in der Landwirtschaft sehr viel rascher ab, zum Teil, weil ihre wachsende Produktivität eine – andernorts nicht unbedingt verwirklichte – Vorbedingung für den britischen»Take-off« gewesen war, aber auch zum Teil, weil der Erfolg der britischen Exporte und die Kolonisierung Großbritannien erlaubte, einheimische Nahrungsmittelproduktion durch Importe zu ersetzen, bezahlt durch gewerbliche Erzeugnisse und Dienstleistungen. Doch die landwirtschaftliche Produktion lag höher als anderswo, und die Produktivitätslücke zwischen der landwirtschaftlichen und der gewerblichen Produktion war sehr viel geringer. Der Anteil an Arbeitskräften in der gewerblichen Produktion war mithin höher, die Urbanisierung war ausgeprägter, einheimische Investionen waren geringer, ausländische Investitionen dagegen höher, der Anteil des persönlichen Verbrauchs war höher, und außerdem war, wenn wir den Zahlen trauen dürfen, der Schulbesuch in England und Wales sehr viel geringer als in anderen westeuropäischen Ländern mit ähnlichen volkswirtschaftlichen Gesamteinkommen.

Und schließlich: Während die Entwicklung in Großbritannien weitgehend spontan geschah, die einzige zu fürchtende Konkurrenz die anderer britischer Produzenten war, wurde die Entwicklung auf dem Kontinent deutlich von der schon existierenden britischen Industriellen Revolution beeinflußt, als eine Hilfsquelle, aber auch als Bedrohung und als Vorbild. Für die Länder, die als letzte den Weg der Industrialisierung einschlugen, so etwa Rußland und Spanien, erschien das gesamte industrialisierte Europa und nicht länger allein Großbritannien in der Doppelrolle des Betreuenden und Bedrohenden.

Großbritannien war gewissermaßen der Außenseiter, aber daraus folgte, daß die Industrielle Revolution in England anders verlief als im übrigen Europa. Und ganz offenkundig gab es auch zwischen den Ländern auf dem europäischen Kontinent große Unterschiede hinsichtlich der Natur und des Charakters der Veränderungen, die sie erlebten. Damit stellt sich die Frage, ob man wirklich von einem einzigen historischen Phänomen sprechen kann oder ob man es nicht vielmehr mit einer Reihe nationaler Geschichten zu tun hatte, die in bestimmten Fällen eine gewisse Ähnlichkeit aufweisen. Das ist eine heikle und kontrovers diskutierte Frage.

In den frühen Nachfolgeländern, in Belgien, Frankreich, der Eidgenossenschaft, in Deutschland und den tschechischen Gebieten, zu einem gewissen Grad auch in Österreich und den Niederlanden, gab es ähnliche Entwicklungen, was die zuerst modernisierten Gewerbezweige und auch die technischen und organisatorischen Veränderungen, die Fabriken, Eisenhütten, Kohlenbergwerke und die in ihnen aufgestellten Maschinen angeht. Die Maschinen wurden mindestens bis zur Mitte des neunzehnten Jahrhunderts einfach von Großbritannien übernommen. Ähnlich wurden technische Neuerungen (der Jacquard-Webstuhl, das Girardsche Flachsspinnverfahren oder Heilmanns Wollkämm-Maschinen) ungeachtet politischer und anderer Grenzen dort übernommen, wo es ein modernes industrielles Unternehmertum gab, Großbritannien eingeschlossen. Außerdem erzwangen technische

Überlegungen bestimmte Ähnlichkeiten der Arbeitsorganisation, der Fabrikgebäude und Fabrikdisziplin, des Lohnsystems, der Unterbringung der Arbeiter in Fabrikwohnungen auf dem Lande und in gebührendem Abstand auch der Fabrikgesetzgebung und des Arbeitsschutzes in Bergwerken. Hingegen gab es keinen Ersatz für britische Technologie, wo notwendige Voraussetzungen fehlten, wie das Vorhandensein von Kohle- oder Eisenerzvorkommen; Alternativen wurden jedoch ziemlich rasch in der folgenden Phase entwickelt, so etwa die Wasserturbinentechnik in den französischen Regionen, in denen Kohle weiterhin teuer war.

Gleichwohl ist klar, daß die Entwicklung in den verschiedenen Ländern auf anderen Gebieten verschiedene Wege nahm. Wir können Unterschiede ausmachen in der Geschwindigkeit und im Erfolg der Anpassung an die neuen Techniken, im genauen Ablauf der Modernisierung der Technologie und der Industriesektoren; Unterschiede auch in der sozialen Herkunft der Unternehmer und den Quellen ihres Kapitals. Unleugbar sind Unterschiede in den gesetzlichen Rahmenbedingungen und in der Wirtschaftspolitik der Regierungen, innerhalb deren sich ein nationales Unternehmertum entwickeln konnte. Schließlich konnten die Bestrebungen der Industriellen die entgegengesetzten Interessen der traditionellen agrarischen Eliten in den jeweiligen Ländern in unterschiedlichem Maß überwinden.

Damit wird notwendigerweise die Frage aufgeworfen, wieviel Familienähnlichkeit es geben muß, um die Existenz einer Familie anzuerkennen. Das ist ein semantisches oder klassifikatorisches Problem und deshalb im Kern eine ziemlich unfruchtbare Frage. Gewinnbringender ist es, die einzelnen Wege zu untersuchen, auf denen verschiedene Länder tatsächlich jene notwendige Entwicklung durchliefen von einer »traditionellen« Wirtschaftsstruktur, die durch Heimgewerbe und handwerkliche Produktion, niedrige landwirtschaftliche Produktion, begrenzten Außenhandel, geringes Anlagekapital, rückständige Wissenschaft und Technik gekennzeichnet war, zum Zeitalter der Moderne mit seinen Fabriken und

Eisenbahnen, steigender Produktion, Großstädten, hohen Anlageinvestitionen und einer äußerst ertragreichen Landwirtschaft. Diese unterschiedlichen Wege werden beeinflußt durch die jeweilige geographische Lage in Europa, insbesondere im Verhältnis zu Großbritannien; und sie hängen davon ab, in welcher historischen Phase der Industrialisierungsprozeß einsetzte. Aber sie sind auch geprägt – unter anderem – durch nationale und regionale Traditionen, durch Fertigkeiten und Erfahrungen oder durch natürliche Ressourcen.

Für den besonderen Weg der französischen Wirtschaft sind viele Erklärungen angeboten worden. Frankreich war ein großes und recht wohlhabendes Land, mit zahlreichen hochgezüchteten Nutzpflanzen und in den traditionellen Handwerken ausgebildeten Arbeitskräften; nach dem Frieden von 1815 sah es sich jedoch außerstande, mit Großbritannien in einen direkten Wettbewerb zu treten. Zu den Gründen gehörten die unzureichende Versorgung mit Kohle und eine geographische Gestalt, die sich insbesondere für die Transportkosten im Binnenhandel nachteilig auswirkte, der Verlust der Kolonien, eine rückständige Landwirtschaft und wahrscheinlich auch die verfehlte Politik einer interventionistischen Regierung. Zu ergänzen ist die geographische Nähe zu der Wirtschaft jenseits des Ärmelkanals, die in den Kriegsjahren einen ungeheuren Vorsprung gewonnen hatte, als Frankreich vom Zugang zu den neuesten technischen Neuerungen weitgehend abgeschnitten war. Direkter Wettbewerb mit der britischen Wirtschaft war offensichtlich nicht sehr vielversprechend; Frankreich baute statt dessen auf seine eigenen Stärken, versorgte kaufkräftige Märkte mit hochwertigen Gütern und Modeartikeln, statt Massenprodukte an Bevölkerungsschichten mit niedrigem Einkommen und in die Kolonialgebiete zu liefern. So besaß Frankreich nur wenige jener eindrucksvollen Mühlen und riesigen Eisenhütten, die ein Kennzeichen der britischen Industriellen Revolution waren. Doch Frankreich erlebte in einer äquivalenten Entwicklungsphase bedeutende Steigerungen der volkswirtschaftlichen Produktion und des Nationaleinkommens. Ein

Eisenbahn- und Kanalnetz wurde gebaut, und es gab immer einige günstig gelegene Zentren, darunter vor allem die Hauptstadt Paris selbst, in denen die neueste Technologie nicht nur bekannt war und angewandt wurde, sondern oft durch die technischen Fertigkeiten und die Originalität der Franzosen verbessert wurde. Das Land verlor nie den Kontakt zu den industriellen Führungsländern Europas.

Im Falle Belgiens mag die geographische Nähe zu Großbritannien (wie auch zu den prosperierenden Regionen jenseits der Grenze, in Frankreich, Deutschland und den Niederlanden) die Industrielle Revolution, die erste und in gewisser Hinsicht durchgreifendste auf dem europäischen Kontinent, eher gefördert als behindert haben. Aufbauend auf ihrer langen Erfahrung in den textil- und metallverarbeitenden Gewerben, folgten die belgischen Industriellen in mancher Hinsicht sehr eng dem britischen Beispiel, gingen jedoch auf anderen Gebieten ihren eigenen Weg. Kohlenbergwerke, Eisenhütten und Produktionsstätten für Maschinen, konzentriert im Kohle-Eisen-Gürtel, waren getreue Kopien ihrer britischen Gegenstücke in Großbritannien. Auch Eisenbahnen entstanden sehr früh. Andererseits war die baumwollverarbeitende Industrie, obgleich sie in Gent Fuß fassen konnte, weniger bedeutend. Der größte Unterschied lag wohl in den direkten, langfristigen Investitionen der Banken in der Industrie und in der positiveren Einstellung der Brüsseler Regierung, die sehr viel weniger von den traditionellen landbesitzenden Schichten beherrscht war als die britische.

Die niederländische Wirtschaft lag der britischen geographisch gesehen ebenso nahe, entwickelte jedoch nur wenige der äußeren Symbole des neuen Industrialismus. Ihre Vorteile lagen in ihrer ertragsstarken Landwirtschaft und ihrem effizienten Verkehrsnetz, das in früheren Zeiten aufgebaut worden war, in gut ausgebildeten Arbeitskräften, einem hochentwickelten Finanzsektor und einem reichen Kolonialreich. Auch beim Aufbau »moderner« Industrien in großem Stil, der frühestens in den 1890er Jahren einsetzte, erlebten die Niederlande einen stetigen Einkommenszuwachs, ausgehend von einem hohen Anfangsniveau, auf der Grundlage einer ausgeglichenen Entwicklung der Volkswirtschaft statt nur eines einzigen Führungssektors. Die traditionellen, landwirtschaftliche Produkte verarbeitenden Gewerbe spielten darin eine wesentliche Rolle.

Die Schweizer Wirtschaft war nach der belgischen wahrscheinlich die erste, die den britischen Neuerungen nacheiferte und sie übernahm. Dies überrascht um so mehr, als dem Land neben anderen Nachteilen (geringe Ausstattung mit natürlichen Ressourcen, schwierige geographische Gestalt und geringe Verhandlungsstärke in einer protektionistischen Welt) bis zur Mitte des neunzehnten Jahrhunderts selbst die elementarste wirtschaftliche Einheit fehlte. Auf diese Herausforderungen fanden die Eidgenossen eine doppelte Antwort, die jeweils auf außergewöhnlich gut ausgebildeten und qualifizierten, jedoch gering entlohnten Arbeitskräften beruhte. Die Uhrenindustrie, die in Europa nicht ihresgleichen hatte und deren Vorrang auf Fertigkeiten, Geschmack und der sorgfältigen Organisation eines hochgradig arbeitsteiligen manuellen Fertigungsprozesses – anstelle von Maschinen – beruhte, wandte so etwas wie die französische Überlebensmethode an. Auf der anderen Seite übernahm die Textilindustrie, die eine lange Tradition auf der Basis eines verlagsmäßig organisierten Heimgewerbes besaß, eher das deutsche Modell: Sie importierte billiges britisches Garn und konzentrierte sich auf die späteren Produktionsstadien, das Weben, den Stoffdruck und die Bandstickerei, bis auch hier handwerkliches Geschick durch Maschinen ersetzt wurde. Die späteren Erfolge der tertiären Sektoren, des Finanzsektors und des Tourismus, profitierten beide von traditionellen Fertigkeiten und nutzen die natürlichen Gegebenheiten und die Lage des Landes als Ressource.

Der deutsche Industrialisierungsprozeß zeigt wohl zusammen mit dem belgischen die größte Ähnlichkeit mit dem britischen, denn er gründete auf gleichartigen Ressourcen (Kohle, Eisenerzvorkommen und gemischte Landwirtschaft in einem nördlichen Klima). Da er später einsetzte, waren die Eisenbahnen und die Schwerindustrie statt der Textilindustrie die Führungssektoren, und ihr Durchbruch zur Moderne war womöglich noch schneller und spektakulärer als der britische, dabei indes ebenso regional konzentriert. In der Übergangszeit, als Großbritannien bereits modernisiert war, die deutschen Territorien aber noch traditionelle Ökonomien besaßen, nutzten die deutschen Fabrikanten billige britische Halbfertigprodukte wie Garn oder Roheisen und verarbeiteten es selbst weiter auf der Basis überkommener Verfahren und eines niedrigen Lohnniveaus.

Im Unterschied zu Großbritannien war Deutschland jedoch ein Zusammenschluß von Territorien (die ökonomisch im Zollverein zusammenarbeiteten) auf dem europäischen Kontinent und besaß keine überseeischen Kolonien. Die fortgeschrittenen Regionen hatten Verbindungen zum einen mit Großbritannien, zum anderen aber auch mit den weniger entwickelten Regionen Osteuropas, von denen einige zum Deutschen Bund gehörten. Während ihr Handel mit Großbritannien sie mit Maschinen und Modellen von Maschinen sowie preiswerten Halbfertigprodukten versorgte, bot ihnen der Osthandel leicht verfügbare Märkte sowie einige Rohstoffe wie Flachs, Flachssamen und Nahrungsmittel. Die besondere Rolle der großen Banken in der deutschen Industriellen Revolution ist ein weiterer Unterschied zu Großbritannien, wo ein großer Teil des Kapitals aus dem industriellen Sektor selbst kam. Dadurch unterschied sich Deutschland aber auch von Nachkömmlingen wie Rußland, wo der Kapitalzufluß stark von der Regierung kanalisiert wurde.

Die tschechischen Gebiete weisen einige Ähnlichkeiten mit dem englischen und dem deutschen Modell auf. Die althergebrachte Textilproduktion im Heimgewerbe wurde zur rechten Zeit überlagert von Zentren der Schwerindustrie, die auf guter Kohle und der Versorgung mit Eisenerz beruhte. In mancher Hinsicht war die Existenz des österreichisch-ungarischen Reichsverbandes in den frühen Stadien von Vorteil, denn das bot sowohl Kapitalquellen als auch einen geschützten Markt; am Ende erwies sich dieser Vorteil auf Grund der

Armut der meisten Bevölkerungsgruppen jedoch als begrenzt. Die verglichen mit Westeuropa anders strukturierte gesellschaftliche Basis wurde vor allem in der herausragenden Position (ähnlich wie jenseits der Grenze in Schlesien) adliger Gutsbesitzer beim Aufbau der Industrie deutlich.

Für die deutsch-österreichischen Provinzen wie für den Reichsverband insgesamt hatte das Überleben traditioneller Adelsmacht und deren Einfluß auf die Regierungspolitik weniger günstige Konsequenzen. Zusammen mit der ungeheuren Vielfalt der gesellschaftlichen Traditionen und den großen Unterschieden im Niveau der ökonomischen Entwicklung erwies es sich als ein Verzögerungsfaktor der Industrialisierung Österreichs, obwohl die Finanzstärke Wiens und der Markt, den die Hauptstadt bot, zumindest dort das frühe Entstehen einer Produktion von Konsum- und Luxusgütern förderte. Ungarn dagegen gehörte ganz sicher zur Peripherie Europas, wenn nicht sogar Österreichs. Das Land gewann Zugang zu westlichem, österreichischem Kapital und Märkten und wies einige fortgeschrittene und erfolgreiche Industriesektoren auf, etwa Getreidemühlen und elektrotechnische Betriebe. Doch selbst 1914 war seine Modernisierung bestenfalls »halb erfolgreich«.

Der Weg der Industrialisierung in Italien war dem österreichisch-ungarischen nicht unähnlich. Auch hier gab es ungeheure Unterschiede zwischen den Regionen, zwischen dem fortgeschrittenen Nordwesten und dem weitgehend stagnierenden und von Armut geplagten Süden, und diese Unterschiede konnten selbst nach der Einigung Italiens nicht überbrückt werden. Eine florierende Seidenindustrie, die auf eine lange und glänzende städtische und gewerbliche Tradition zurückblickte, bildete mit ihren eine Vorreiterrolle einnehmenden »Zwirnereien« für die Herstellung von Seidenzwirn eine Brücke in das Zeitalter der Moderne. Andere, mit Wasserkraft arbeitende Textilsektoren entstanden ebenfalls im neunzehnten Jahrhundert, doch die Schwerindustrie entwickelte sich angesichts fehlender Kohle- und geringer Eisenerzvorkommen nur in geringem Maße. Erst seit den

1890er Jahren kam es mit Hilfe entschlossener Unterstützung durch die Regierung und durch am deutschen Modell
orientierte Banken zu einem raschen und plötzlichen industriellen Wachstum (metallverarbeitende Industrie und
Schiffbau), das Italien in das industrielle Zeitalter katapul-
tierte.

Den europäischen Randgebieten standen zwei Wege dorthin offen. Der schwedische Weg, den man vielleicht als
repräsentativ für das übrige Skandinavien ansehen kann,
brach aus Armut und Rückständigkeit in einer bemerkenswert kurzen Zeitspanne zur Moderne und hohen Einkommen durch; besser gesagt in zwei Phasen – 1830–1880 und
1880–1910 –, die man wohl oder übel als Industrielle Revolu-
tionen bezeichnen muß. Von zentraler Bedeutung waren die
Rohstoffbasis (Holz, Eisenerz), eine gut ausgebildete Bevölkerung und moderne gesellschaftliche und rechtliche Rahmenbedingungen sowie das Glück und die Findigkeit, zur
rechten Zeit Exportmärkte und Kapital aufzuschließen, obschon man die Auswirkung der letzten Faktoren in der Vergangenheit vielleicht überschätzt hat.

Der alternative Weg, für den Spanien, Rußland und die
Balkanländer stehen, bestand darin, durch die Belieferung
der fortgeschrittenen Regionen Europas mit Nahrungsmitteln und Rohstoffen die eigene Entwicklung zu fördern. Die
vorhandenen, oft recht effizient geführten industriellen Unternehmen blieben isolierte Enklaven, die den Durchbruch
nicht schafften und sich nicht in die sie umgebenden armen
und rückständigen Agrarregionen ausbreiten konnten. Eine
Vielzahl geographischer, vor allem aber gesellschaftlicher
und politischer Faktoren erklären die schwerfällige Entwicklung dieser gleichsam zur Rückständigkeit verurteilten Regionen. Die osteuropäischen Wirtschaften schließlich wurden
auf der Basis von gewaltsamen Modernisierungsprogrammen
marxistisch inspirierter Regierungen industrialisiert.

Zu den Faktoren, die der aus einer bestimmten Perspektive als europäisch anzusehenden Entwicklung ihr eigenes,
nationales Gepräge gaben, müssen die Politik und die Ein-

flußnahme von Regierungen gezählt werden. In der nationalen Geschichtsschreibung werden sie oft für selbstverständlich gehalten und deshalb nur kursorisch behandelt oder sogar weggelassen. Ein europäischer Vergleich kann jedoch nicht umhin, ihre Rolle neben anderen Erklärungsfaktoren zu untersuchen.

Die Einflußnahme politischer Instanzen geschah auf vielen Ebenen. Die wahrscheinlich wichtigste waren die rechtlichen Rahmenbedingungen, innerhalb deren die Unternehmen agieren konnten; ihre Auswirkungen wurden häufig verstärkt durch die gesellschaftliche Wertschätzung, deren sich Geschäftsleute erfreuten, und durch die ethische Beurteilung des Handels und Geschäftslebens in der Öffentlichkeit. In dieser Hinsicht operierten nach gängiger Meinung die Unternehmer der Niederlande und Großbritanniens in einer günstigen Umgebung, während Gesellschaften, in denen der Landadel weiterhin den Landbesitz streng kontrollierte, in denen Formen der Leibeigenschaft überdauerten und die politische Macht in den Händen eines Autokraten lag (höchstens gemildert durch eine Vertretung der »Stände«, in der die Mehrheit der Bevölkerung nicht angemessen repräsentiert war), als industrialisierungsfeindlich angesehen wurden. Ein großer Teil Osteuropas befand sich zu Beginn des Industrialisierungsprozesses in dieser Lage. Man kann jedoch die Frage aufwerfen, inwieweit der Wechsel von einer »feindlichen« zu einer »wohlgesinnten« Umgebung – hinsichtlich der Einstellung zur Industrialisierung – eine Ursache oder nicht vielmehr ein Ergebnis des Aufkommens von Unternehmern in Handel und Industrie war.

Eine andere Form der Einflußnahme der politischen Rahmenbedingungen auf den Verlauf der Industriellen Revolution bildeten die in dieser Zeit geführten Kriege. Nicht alle Kriege übten einen völlig negativen Einfluß aus, insbesondere nicht in den siegreichen Ländern. Einige Industriezweige wie die Eisenerzverhüttung, die Waffenproduktion oder die Massenproduktion von Uniformen, ebenso wie die Verfahren, die zur Mobilisierung von Kapital und der Ausbildung von Seeleuten entwickelt wurden, mögen der britischen Wirtschaft im siebzehnten und achtzehnten Jahrhundert genutzt haben. Umgekehrt wurde die französische Wirtschaft durch die Revolutionskriege und die Feldzüge Napoleons stark geschädigt und in ihrer Entwicklung gehemmt. Der Erwerb von Kolonien und die Kolonialpolitik, etwa die Verweigerung des Zugangs zu Kolonialmärkten für ausländische Kaufleute, können unter der gleichen Rubrik eingeordnet werden.

Noch auf einer anderen Ebene konnten Regierungen den Industrialisierungsprozeß beeinflussen: durch Schutzzoll- und Steuerpolitik, Subventionen und Gewinngarantien, Patentgesetze und Handelsabkommen. Sie sind in der wissenschaftlichen Literatur stark beachtet und behandelt worden, obgleich es kein übereinstimmendes Urteil über ihre Bedeutung gibt. Selbst dort, wo ein starker Staat (wie in Rußland) versuchte, cinen direkten Einfluß auszuüben, blieb dessen Wirkung begrenzt, und die industrielle Entwicklung hing immer noch vom Handeln einer Unzahl von Unternehmern ab. Am entgegengesetzten Ende des Spektrums erhielten einige der erfolgreichsten Volkswirtschaften, darunter die Großbritanniens, der Niederlande oder der Eidgenossenschaft, relativ wenig direkte Hilfe durch staatliche Initiativen. Das mag dem traditionellen Sprichwort Nahrung geben, wonach derjenige Staat am besten regiert, der am wenigsten regiert, obwohl es auch hier nicht einfach ist, Ursache und Wirkung klar zu trennen. Ein geringeres Eingreifen der Regierung oder ein Freihandelsregime kann einfach nur die Tatsache widerspiegeln, daß eine erfolgreiche Wirtschaft weniger Schutz benötigt. Andererseits können einige spezifische Maßnahmen wie gezielte Subventionen oder abschreckende Steuern und Zölle, oder aber Hilfestellung bei der Einführung einer ausländischen Technologie an einem strategischen Ort oder zu einem strategisch wichtigen Zeitpunkt, einen wichtigen Einfluß zum Guten oder Schlechten ausgeübt haben.

Was auch immer das Gesamtergebnis dieser günstigen und ungünstigen Faktoren sein mag, die »Industrielle Revo-

lution« war überall ein längerer Prozeß. Selbst bei den Nach-
züglern wie den skandinavischen Ländern, die einige Zwi-
schenstadien überspringen und den Wandel in Teilbereichen
»en bloc« vollziehen konnten, und sogar im Fall der forcier-
ten Industrialisierung Osteuropas nach dem Zweiten Weltkrieg benötigte dieser Prozeß mindestens mehrere Jahrzehnte.

Ein Aspekt dieser ausgedehnten Übergangszeit war das
Auftauchen einer »dualen Ökonomie«: Ein modernisierter,
mechanisierter, gewöhnlich auch stark kapitalisierter Sektor
koexistierte mit unveränderten traditionellen Sektoren in
einigen Gewerbezweigen und in der Landwirtschaft. Es gibt
eine generelle Tendenz, dies als einen Beleg für eine unvoll-
ständige oder in gewisser Weise gescheiterte Industrialisierung zu beschreiben, als einen Beleg für relative Rückständigkeit oder falschen Traditionalismus.

Tatsächlich aber ist keine Volkswirtschaft jemals vollständig »modernisiert« gewesen, nicht einmal diejenigen am
Ende des zwanzigsten Jahrhunderts sind es. Dies liegt nicht
nur daran, daß eine Massenproduktion entsprechende Dienstleistungen und Zulieferer braucht, um identische Produkte
und Dienstleistungen für individuell unterschiedliche Bedürfnisse liefern zu können. Es spiegelt auch nicht einfach
ungleichzeitige Entwicklungen und die unterschiedliche Geschwindigkeit wider, in denen die Mechanisierung und fabrikmäßige Organisation der Produktion in verschiedenen
Wirtschaftszweigen verfügbar oder volkswirtschaftlich faßbar werden. Dies bringt auch die Auswirkung steigender Einkommen auf die Nachfragestruktur zum Ausdruck: Familien,
deren Realeinkommen gestiegen ist, weil eben durch die Mechanisierung die gekauften Produkte verbilligt worden sind,
haben dadurch einen genügenden Überschuß, um auf sie
zugeschnittene Dienstleistungen und handwerkliche Arbeit
nachfragen zu können.

Zudem hat in einer Volkswirtschaft welcher Größe auch
immer niemals sehr viel mehr als die Hälfte der aktiven Bevölkerung in der »Industrie« gearbeitet; normalerweise lag

ihr Anteil deutlich unter 50 Prozent. Gleichzeitig haben sich die beiden anderen Bestandteile des nationalen Arbeitsmarkts stark verändert: die Landwirtschaft und die Dienstleistungen. Während der Anteil des landwirtschaftlichen Sektors drastisch verringert wurde, selbst in Ländern, die innerhalb der internationalen Arbeitsteilung hauptsächlich landwirtschaftliche Produkte exportierten, wuchs der tertiäre oder Dienstleistungssektor weiter an, als Hauptnutznießer des durch die Industrielle Revolution in Gang gesetzten Wandels. In diesem Prozeß veränderte sich die Zusammensetzung des Dienstleistungsbereichs sehr stark. Bestand er in den Frühstadien der Industrialisierung weitgehend in persönlichen Dienstleistungen einschließlich des Dienstpersonals, der Träger und Boten sowie kleiner Ladenbesitzer, so waren es in späteren Phasen professionelle Dienstleistungen, Büroarbeit und Beschäftigung in großen Transportunternehmen und Verteilzentren, die einen Großteil des Sektors ausmachten. Auf jeden Fall hat sich die traditionelle Dreiteilung der Sektoren der Volkswirtschaft in mehrerer Hinsicht als irreführend erwiesen: Technische Zeichner zum Beispiel oder die Ausbilder des Arbeiters, der später die Maschinen bedienen wird, gehören in gewisser Weise genauso zum »industriellen« Sektor wie jene, die tatsächlich in den Fabriken beschäftigt sind; in gleicher Weise sollten die Hersteller von Traktoren und die Produzenten von Kunstdünger ebenso als Teil des landwirtschaftlichen Sektors betrachtet werden wie die Männer und Frauen, die auf dem Feld arbeiten.

Insgesamt gesehen wird deutlich, daß der Begriff »Revolution« oft mißverstanden worden ist. Damit sollte niemals ein plötzlicher Umsturz und die blutige Gewalt der typischen politischen Revolution, sondern vielmehr von Beginn an ein deutlicher Bruch mit der Vergangenheit bezeichnet werden, eine neue Konstellation von Faktoren, ein tiefgreifender Wandel, der alle Bereiche des gesellschaftlichen Lebens erfaßte.

Eines der wichtigsten Elemente, mit gewissem Recht könnte man sagen, das bedeutsamste, waren die »revolutionären« Veränderungen in der Fertigungsindustrie, im Bergbau und in den damit verbundenen Transportgewerben: Sie rechtfertigen in erster Linie die Beschreibung als »industrielle« Revolution. Wie schon gesagt, standen in ihrem Zentrum technische Neuerungen, neue Maschinen und Produktionsverfahren, welche die Kosten der produzierten Güter sehr stark senkten und die Produktion ebenso stark erhöhten. Sie erforderten wiederum eine größere Konzentration von Arbeitskräften und Kapital, neue Formen der Arbeitsorganisation, Arbeitskräfte mit anderen Qualifikationen und anderer Ausbildung. Der Prozeß war gewöhnlich begleitet von einer rasch wachsenden Bevölkerung, die in die Städte gezogen wurde und deshalb ihre eigenen Herausforderungen an den technischen und organisatorischen Wandel stellte. Das langfristige Ergebnis, nach einer Periode größerer Gesundheitsgefährdung und sinkender Lebenserwartung, war eine verbesserte öffentliche Hygiene, die Ausrottung vieler Seuchen und Fortschritte in der Medizin, die generell das menschliche Leben verlängerten.

Die folgende demographische Revolution verdankte viel dem steigenden Lebensstandard, der von oben nach unten in alle Schichten der Gesellschaft durchsickerte und selbst eine Haupttriebkraft und das wichtigste Ergebnis der Industriellen Revolution bildete. Eine andere Konsequenz war eine besser ausgebildete Bevölkerung, da eine Ausbildung, Lese- und Schreibfähigkeit für viele der neuen Produktionsverfahren erforderlich waren; gleichzeitig wurden steigende Einkommen von ehrgeizigen Eltern und fürsorglichen Gemeinden in expandierende Ausbildungsangebote für immer mehr Menschen überführt. Eine ausgebildete, bessergestellte Bevölkerung neigte auch dazu, eine verantwortungsvollere, stärker auf die Bevölkerung hörende Regierung zu verlangen, obwohl der Zusammenhang zwischen Industrialisierung und dem Aufstieg der Demokratie keineswegs klar ist.

Unvermeidlicherweise erforderten die späteren Phasen der Industriellen Revolution, nach der Bastelei und den praktischen, schrittweisen Verbesserungen der Anfangsphase, ein immer stärkeres wissenschaftliches Verständnis des Verhaltens von Materialien und ihrer Umgebung. Die Naturwissenschaften wiederum speisten sich aus den Erfahrungen in der Industrie. Sie wurden gefördert durch die wachsenden Ressourcen, die ihnen zur Verfügung gestellt wurden; die ökonomischen Gewinne, die sie einbrachten, stärkten ihre Stellung. Hier liegt vielleicht der wichtigste Unterschied zwischen der Industriellen Revolution und allen früheren historischen Veränderungen: in ihrer Irreversibilität. Diejenigen, die es ablehnten, sie zu übernehmen, blieben zurück und konnten das Rad nicht zurückdrehen: Keine Bevölkerung wird auf lange Sicht teurere Produkte akzeptieren, wenn preiswertere Erzeugnisse der gleichen Art verfügbar sind. In diesem einfachen ökonomischen Phänomen liegt die unwiderstehliche Kraft der Industriellen Revolution, die nach ihrem Ausbruch in der nordwestlichen Ecke Europas seit Mitte des achtzehnten Jahrhunderts über den europäischen Kontinent hinwegzog. Der Zeitpunkt, der Rhythmus, die Wege und menschlichen Kosten waren in jedem Land verschieden, und auch die politischen Rahmenbedingungen konnten sich sehr stark unterscheiden. Aber die Gestalt, welche die Gesellschaft am Ende des Prozesses annahm, war in allen Teilen Europas bemerkenswert ähnlich.

Phyllis Deane
Die Industrielle Revolution in Großbritannien

Die Industrielle Revolution läßt sich eher als entscheidende Veränderung in den gewerblichen und industriellen Produktionsmethoden, als historisch einmaliger Durchbruch in einem evolutionären Prozeß technologischen Wandels beschreiben denn als ein einzelnes Ereignis in einem kurzen, scharf umrissenen Zeitraum. Ihr Kern war die Entwicklung und rasche Verbreitung einer Reihe von Innovationen in der Fertigungstechnik, die miteinander verbunden waren und dadurch wechselseitig weitere Neuerungen in Gang setzten.

Sie bewirkten zusammen tiefgreifende organisatorische Veränderungen und ständige Produktivitätssteigerungen in einer Gruppe von Gewerben und Industrien, die der expandierende Kern einer modernen Industrienation wurden. Die Wachstumssektoren des britischen Industrialisierungsprozesses lagen in der Baumwoll- und Eisenindustrie, im Maschinenbau sowie im Transportgewerbe. Doch selbst in der Frühzeit, im letzten Drittel des achtzehnten Jahrhunderts, als das Innovationstempo in diesen Sektoren eine beeindruckkende Stoßkraft gewann, zogen strategisch weniger wichtige Gewerbe mit (Keramik- und Papierherstellung), die ebenfalls ihre Produktionsmethoden zu modernisieren begannen. Das Revolutionäre dieser Vielzahl technischer Veränderungen in Großbritannien von den 1760er bis zu den 1860er Jahren lag darin, daß sie ein ganz neues technologisches System hervorbrachten. Die Grundlage bildete der massive Einsatz von mächtigen, präzisen und kontinuierlich verbesserbaren Maschinen im Fertigungsprozeß, mit weitreichenden organisatorischen, strukturellen und sozialen Folgen für die gesamte Industrie.

Die Baumwollindustrie bot das dramatischste Beispiel eines raschen Übergangs von einer traditionellen, lose organisierten und geographisch verstreuten handwerklichen Fertigung im Verlagssystem zu einem zentral gesteuerten und an einem Ort konzentrierten Fabriksystem, das große, von unbeseelten Energiequellen angetriebene Maschinen einsetzte. Drei höchst produktive und weiter verbesserbare Maschinen – James Hargreaves' Spinnmaschine (die Spinning Jenny), Richard Arkwrights hydraulische Flügelspinnmaschine (die Waterframe-Maschine) und Samuel Cromptons Mulespinnmaschine – vergrößerten sowohl die Garnmenge, die ein einzelner Spinner liefern konnte, als auch die Garnqualität. Damit konnten sie eine bereits vorhandene preiselastische Binnennachfrage nach den feinen Kattun- und Musselinstoffen ausnutzen, die bisher durch Einfuhren aus Indien befriedigt worden war. Zunächst ließen sich die neuen Spinnmaschinen per Hand, mit Pferde- und/oder Wasserkraft antreiben. Sie hätten jedoch die Produktivität in der Baumwollindustrie nicht so rasch oder so kontinuierlich steigern und die Produktionskosten nicht so schnell senken können, wenn es nicht gleichzeitig eine Reihe von ebenso bemerkenswerten technischen Neuerungen in der Eisenerzverhüttung und der Dampfkrafterzeugung gegeben hätte. Auf lange Sicht erwies sich der technische Fortschritt in der Eisenproduktion und in der Erzeugung von Dampfkraft als entscheidend dafür, die britische Industrialisierung in Schwung zu halten. Denn er wirkte unmittelbar kostensenkend und erweiterte zugleich den Anwendungsbereich für eine mechanisierte Großproduktion, nicht nur in der Textilindustrie, sondern in einer wachsenden Zahl von Gewerben.

Die Wechselwirkungen zwischen diesen technologischen Subsystemen implizieren (seit den 1760er Jahren und über fast ein Jahrhundert hinweg) komplexe Rückwärts- und Vorwärtskoppelungen sowie Demonstrationseffekte, die im Überblick schwierig darzustellen sind. Die Eisenindustrie – selbst der Vorreiter einer kapitalintensiven, integrierten fabrikmäßigen Großproduktion – lieferte eine breite Palette von dauerhaften Konstruktionsmaterialien für Maschinen (einschließlich Dampfmaschinen) und Werkzeuge aller Art, für das Verkehrswesen (Brücken, Schienen, Waggons, Schiffe und Lokomotiven) sowie für die Gerüstkonstruktionen mehrstöckiger feuersicherer Gebäude, die Anlagen und Maschinen aufnehmen sollten. Im ersten Jahrzehnt des neunzehnten Jahrhunderts war der jährliche Output von britischem Roheisen achtmal so hoch wie in den 1760er Jahren. James Watts Dampfmaschine trug beträchtlich zu dieser Produktionssteigerung und zur raschen Verbreitung von Neuerungen bei, die Ende des achtzehnten Jahrhunderts in der Eisenerzverhüttung und -veredelung sowie der Maschinentechnologie eingeführt wurden und die Zeit von 1790 bis 1825 prägten. Wurden Wasserpumpen und Förderkräne mit Dampfkraft betrieben, ließen sich billigere und bessere Steinkohle und Eisenerze aus immer tieferen Schächten und Stollen fördern. Wurde Dampfkraft für die Schmelzöfen der Eisenhütten eingesetzt, so erlaubte sie den Betrieb von Gebläsen, die stark genug waren, um Koks (statt Holzkohle) zu verbrennen, und ermöglichte den ständigen Betrieb von Anlagen und Maschinen, wo immer Kohle und Eisen in allernächster Nähe verfügbar waren.

Die Kostensenkungen bei wachsender Betriebsgröße und die Ortsunabhängigkeit, die mit der Verwendung der Dampfkraft verbunden sind, ermutigten zudem den Hüttenmeister, weitere Produktionsstadien der Verhüttung und Veredelung in großen Hüttenwerken zu integrieren, die mit der neuesten Maschinentechnologie und den neuesten Antriebssystemen versehen waren. Zwar experimentierten Manufakturbesitzer seit Ende des achtzehnten Jahrhunderts mit der Dampfkraft in der Textilspinnerei, -kämmerei und -weberei, in Getreide- und Papiermühlen sowie Brauereien. Allerdings hatten sie mit der Dampfkraft bis weit ins neunzehnte Jahrhundert hinein nur begrenzten und sporadischen Erfolg, während die Nutzung der Wasserkraft weiterhin kontinuierlich zunahm. Selbst im technologisch industriellen Führungssektor, der Baumwollspinnerei, war dies von Tunzelmann zufolge bis in die 1830er Jahre der Fall: »Die größten Spinnereien, in denen die größten Kostensenkungen zu erwarten gewesen wären, wurden immer noch im allgemeinen mit Wasserkraft betrieben. Die Ausnahme bildeten einige Feinspinnereien, so daß die Dampfkraft die deutliche Verbilligung feiner Garne unterstützte, die Ende der 1780er Jahre begonnen hatte, mit merklichen Auswirkungen auf die Ausfuhren und die Kleidermode in Großbritannien.«[1] Erst in den 1840er und 1850er Jahren, als die Entwicklung und Verbreitung von mit Hochdruck arbeitenden Dampfmaschinen die Nutzungskosten der Dampfkraft spürbar senkten, begann man sie in der gesamten Textilindustrie als die billigste Energiequelle anzusehen.

In der Mitte des neunzehnten Jahrhunderts war es offenkundig, daß die technologischen Fortschritte, die in bestimmten und begrenzten Sektoren der britischen Industrie vom Ende des achtzehnten Jahrhunderts an gemacht worden waren, einen kontinuierlichen technologischen und organisatorischen Wandel ausgelöst hatten, der bereits den Charakter, die Struktur und das Produktionspotential der gesamten Volkswirtschaft verändert hatte. Als 1851 die Internationale Ausstellung im Londoner *Chrystal Palace* die technologische Überlegenheit der »Werkstatt der Welt« demonstrierte, war Großbritannien ganz offensichtlich die reichste (nach dem Pro-Kopf-Einkommen), die am schnellste wachsende (nach dem gesamten Output und dem wertmäßigen Anteil am Welthandel), die industrialisierteste Nation (nach dem Anteil des Sozialprodukts, der in der Industrie erzeugt wurde) und das urbanisierteste Land. Oder, in den Worten von McCloskey: »In den etwa achtzig Jahren nach 1780 verdreifachte sich die Bevölkerung von Großbritannien beinahe, Liverpool und Manchester wurden riesige Großstädte, das Durchschnittseinkommen der Bevölkerung stieg um mehr als das Doppelte, der Anteil der Landwirtschaft an der volkswirtschaftlichen Gesamtproduktion fiel von etwas weniger als der Hälfte auf etwas weniger als ein Fünftel, und die Textil- und Eisenproduktion verlagerte sich in die mit Dampfkraft betriebenen Fabriken. Diese Ereignisse waren so merkwürdig, daß sie niemand vorausgesehen hatte und sie nun niemand verstand… Die britische Wirtschaft von 1760 bis 1860 nahm einen unvorhersehbaren Weg, weil sie neuartig, um nicht zu sagen seltsam war.«[2]

Die britische Industrielle Revolution war natürlich etwas ganz Neuartiges, sie war schließlich die erste. Doch neuere Forschungen über andere europäische Länder, die sich im neunzehnten Jahrhundert industrialisierten, deuten darauf hin, daß sie noch in anderer Hinsicht ein besonderer Fall war. England und später das Vereinigte Königreich entwickelten sich insbesondere von einem völlig anderen Ausgangspunkt aus und schlugen einen untypischen Weg zum modernen Wirtschaftswachstum ein.[3] O'Brien beispielsweise hat die geographische Lage hervorgehoben, als er die Umstände analysierte, die Großbritannien einen Vorteil gegenüber seinen führenden Handelsrivalen im achtzehnten Jahrhundert gaben: »Im Mittelpunkt einer rasch wachsenden atlantischen Wirtschaft gelegen, als der Transport auf dem Wasserwege der billigste Handelsweg war, hatte eine kleine Insel bessere Aussichten, größere Gewinne aus dem Überseehandel zu schlagen als Kontinentalmächte. Dieser geographische Vorteil wurde zudem durch ein dauerhaft hohes Niveau der öffentlichen Investitionen in die Seemacht bewahrt. Diese senkte auf lange Sicht die Transaktionskosten für britische Kaufleute, sicherte ihnen privilegierten Zugang zu den Märkten des Empire und ausländischen Märkten und schwächten die Wirtschaft ihrer iberischen, holländischen oder französischen Konkurrenten.«[4]

Im folgenden werde ich mich auf drei größere Bereiche konzentrieren, die meines Erachtens von wesentlicher Bedeutung für den Zeitpunkt, das Tempo und das Verlaufsmuster der britischen Industrialisierung waren, nämlich den politischen, demographischen und landwirtschaftlichen Kontext.

Die erste Industrielle Revolution war ebenso ein Teil der schottischen wie der englischen und walisischen Geschichte. Dementsprechend ist mit dem Begriff »Nation« im allgemeinen die britische Nation gemeint. Bei der Erörterung des politischen Kontexts muß man freilich im Blick behalten, daß erst der »Act of Union« von 1707 die Politik und Wirtschaft des nördlichen und südlichen Britanniens zu einer Freihandelszone vereinte, die von einem einzigen Parlament regiert wurde.

Das wichtigste Merkmal, durch das sich das Vereinigte Königreich von den europäischen Ländern unterschied, die um 1700 einen vergleichbaren Stand der wirtschaftlichen Entwicklung erreicht hatten, war zweifellos die Regierungsform. Sie entstand, als die Verfassungskonflikte des siebzehnten Jahrhunderts im Jahre 1688 gelöst wurden. Denn die englische Aristokratie gewann damit ihren langen Kampf gegen den Absolutismus »des Königs oder Protektors, ob anglikanisch, puritanisch oder katholisch«.[5] Die sogenannte *Glorious Revolution* begründete eine kontraktuelle Monarchie, in der wirtschaftspolitische Entscheidungen – Steuererhebungen und die Ausgabenpolitik, die Entscheidung, Kriege zu unternehmen, um die Märkte des *Empire* zu verteidigen oder zu erweitern – von der Zustimmung der beiden Häuser des Parlaments abhingen. Während die meisten europäischen Ständevertretungen ihre politische Rolle von einem autoritären Staat zunehmend marginalisiert sahen, versammelte sich das Parlament in Westminster alljährlich und tagte jedes Jahr mehr Monate als je zuvor. Insbesondere das Unterhaus übernahm immer mehr legislative oder administrative Aufgaben. Es initiierte, billigte oder veränderte eine Vielzahl von nationalen, lokalen oder privaten Gesetzesvorlagen, welche die Politik und Verteidigung des Königreichs oder die wirtschaftliche Entwicklung betrafen: Stadtregimente, die Statuten von Handelsgesellschaften oder die Einhegungen, den Bau von Straßen, Kanälen, Häfen oder Eisenbahnstrecken. Es legitimierte Steuererhöhungen, ermittelte gegen korrupte Regierungsbeamte und debattierte über die Verwaltungsstruktur öffentlicher Behörden ebenso wie über einen anschwellenden Strom von Petitionen klagender Bürger oder ehrgeiziger Interessengruppen.

Im Prinzip war das Unterhaus eine gewählte Körperschaft, die das nationale Interesse repräsentierte. In der Praxis wurde seine Vorstellung vom Gemeinwohl im achtzehnten und noch weit ins neunzehnte Jahrhundert hinein von den Ansichten der Grundbesitzer bestimmt. Die meisten Mitglieder des Parlaments im achtzehnten Jahrhundert waren selbst Großgrundbesitzer oder Verwandte oder Freunde von Grundbesitzern.

Sie wurden gewählt (in den immer selteneren Fällen, in denen Wahlen abgehalten wurden oder Parlamentssitze umkämpft waren) von Besitzenden, die ihrerseits dem gesellschaftlichen oder ökonomischen Druck von Großgrundbesitzern oder deren Vertretern ausgesetzt waren – den Friedensrichtern etwa oder dem anglikanischen Klerus. Sie wurden von einem Kabinett manipuliert, das weitgehend mit Angehörigen des Oberhauses besetzt und in der Lage war, durch eine Vielzahl von Ämtern, Pensionen und Sinekuren Patronage zu bieten. Die landbesitzenden Schichten dominierten auch die lokale Regierung und Verwaltung, denn die Friedensrichter wurden von der Aristokratie aus den Reihen der Gentry bestimmt. Selbst nach dem *Reform Act* von 1832 bestimmte eine Besitzklausel darüber, wer auf lokaler und nationaler Ebene wählen durfte, und der Zugriff der Aristokratie auf die Regierung blieb weiterhin stark. Kurz, das Herrschaftssystem, das durch die Revolution von 1688 begründet wurde, wurzelte im Eigentum, wurde durch Patronage zusammengehalten und von einem Freiheitsideal inspiriert, in dem Freiheit die Freiheit des einzelnen bedeutete, über sein oder ihr Eigentum frei zu verfügen, mit einem Minimum an autokratischer Einmischung. Die Schalthebel der Macht lagen somit fest in den Händen einer vermögenden, aber offenen Elite, deren Angehörige eine Tradition des

Staatsdienstes hatten und in dem die Aufrechterhaltung der öffentlichen Ordnung und die Sicherheit des Eigentums absoluten Vorrang hatten.

Es ist deshalb nicht überraschend, daß zu den ersten Gesetzen der nachrevolutionären Regierung zwei *Statutes* gehörten (1689 und 1694), die den Grundbesitzern das exklusive Recht der Ausbeutung der Erzvorkommen auf ihrem Grund und Boden zusicherten, mit Ausnahme von Gold und Silber. Damit wurde ihr persönliches Interesse angereizt, nicht nur die Entwicklung der Landwirtschaft, sondern auch die gewerbliche Produktion zu fördern. Harold Perkin beispielsweise hat argumentiert, daß die Grundbesitzer wirtschaftspolitische Maßnahmen favorisierten, die einer spontanen Industriellen Revolution förderlich waren: »Sie hoben die meisten Beschränkungen der inländischen gewerblichen Produktion auf, ignorierten jene im Baugewerbe, vergaßen die Gesetze gegen Einhegungen und tauschten die Überwachung des Getreidehandels gegen Prämien für Steinkohlenexporte ein. Im Laufe des achtzehnten Jahrhunderts ermöglichten sie, daß die Lohnfestsetzungen und Klauseln für Lehrverhältnisse im *Statute of Artificers* langsam in Vergessenheit gerieten.«[6] Sie förderten auch bei der Steuerlast eine Verlagerung von den direkten zu den indirekten Steuern, die den vermögenden Kaufmann oder Industriellen ebenso begünstigte wie den Großgrundbesitzer. In den 1730er Jahren bildete die Grundsteuer nur mehr etwas weniger als ein Viertel der stark gewachsenen und weiter zunehmenden öffentlichen Einnahmen, die zum Großteil aus (sinkenden) Zöllen und Verbrauchssteuern auf Konsumgüter mit unelastischer Nachfrage stammten. Der gesetzliche Rahmen im achtzehnten Jahrhundert, dem die erste Industrielle Revolution entsprang, war mithin gefärbt durch eine vorherrschende merkantilistische Ideologie und wurde durch die Reaktionen des Parlaments auf die konkurrierenden Interessengruppen gestaltet, die seine Unterstützung suchten.

Letzten Endes übten jedoch wohl die finanziellen Implikationen der relativ stabilen konstitutionellen Rahmenbedingungen, die sich aus deren Festlegung am Ende des siebzehnten Jahrhunderts entwickelt hatten, den größten Einfluß auf den Zeitpunkt und die Natur der ersten Industriellen Revolution aus. Die unbestrittene Autorität des Königs im Parlament *(king in parliament)* war der Fels, auf dem in den ersten Jahrzehnten des achtzehnten Jahrhunderts ein hochzentralisiertes und äußerst effizientes Steuersystem errichtet wurde, das die britische Regierung in die Lage versetzte, eine Reihe größerer Kriege gegen Frankreich, die damals führende Macht in Europa, die über eine zweieinhalbmal so große Produktionskapazität verfügte wie Großbritannien, erfolgreich zu führen und ohne Schwierigkeiten zu finanzieren. Entscheidend für dieses Steuersystem war das Schatzamt, das um 1685 die politische Kontrolle über die öffentlichen Einnahmen gewonnen hatte, das ineffiziente System der Steuerpacht abgeschafft und die Einnahmen bei der Staatskasse zentralisiert hatte. Als es im folgenden Jahrzehnt auch die Kontrolle über die ausgebenden Staatsbehörden ausübte, wurde England die erste europäische Großmacht, die ein jährliches Staatsbudget der Einnahmen und Ausgaben erstellen konnte. Dies waren die Anfangsschritte einer schrittweisen Professionalisierung des britischen öffentlichen Finanzsystems. Ein recht gut verwaltetes Steuererhebungssystem ermöglichte es der Zentralregierung, einer wachsenden Bevölkerung im achtzehnten Jahrhundert einen beträchtlich höheren Pro-Kopf-Steuersatz abzuverlangen. Zölle und Verbrauchssteuern beispielsweise, die den Großteil der Steuereinnahmen der Regierung ausmachten, wurden von zentral ernannten Beamten eingenommen; die Grundsteuer, die den Großteil der übrigen Steuereinnahmen bildete, wurde von Assessoren und Steuereinnehmern verwaltet, die auf der Provinzebene ernannt wurden und gut informiert waren über die das passive Wahlrecht besitzenden Steuerpflichtigen in ihrem jeweiligen Ort. Wahrscheinlich noch wichtiger war indes die Tatsache, daß öffentlicher Widerstand gegen häufige Steuererhöhungen in Kriegszeiten reduziert wurde, und zwar zum einen durch die überragende Autorität der parlamentarischen Zustimmung und zum anderen durch den unparteiischen Charakter eines einheitlichen Steuersystems. Anders als in den meisten europäischen Ländern, konnte keine Schicht in der britischen Gemeinschaft die Befreiung von Zöllen und Verbrauchssteuern verlangen, und kein Grundbesitzer konnte der *Land tax* entgehen.

Die andere Finanzquelle für eine stabile Verwaltung war die Staatsschuld. Vor 1689 waren die Optionen der Regierung in dieser Hinsicht praktisch auf hochverzinste, kurzfristige öffentliche Anleihen beschränkt, die durch den jährlichen Ertrag bestimmter Steuern abgesichert und zurückgezahlt wurden, wenn die Steuereinnahmen flossen. In den 1690er Jahren nutzte die Regierung jedoch ihren privilegierten Zugang zu den finanzpolitischen Fachkenntnissen der Niederländer und experimentierte mit einer Vielzahl von Innovationen auf dem Gebiet der finanztechnischen Darlehensinstrumente. Beträchtliche Summen wurden vom allgemeinem Publikum beispielsweise mit Hilfe der *Tontine*, einer Art Lebensrentengemeinschaft, oder durch Lotterieanleihen eingenommen. Langfristige Darlehen wurden mit Kapitalgesellschaften ausgehandelt, die überzeugt werden konnten, relativ niedrige Zinsen zu verlangen, und dafür im Gegenzug die Eintragung ihrer Konzessionen erhielten. Die mächtigste, privilegierteste und dauerhafteste der neu konzessionierten Gesellschaften war indes die 1694 gegründete »Bank of England«. Sie streckte ihr gesamtes Kapital dem Staat in Form von Schuldscheinen vor, die von den Kreditgebern der Regierung gern akzeptiert wurden, weil sie ein flüssiges, zinstragendes Vermögen darstellten, das jederzeit in Bargeld (also in Banknoten) eingetauscht werden konnte. 1696 führte die Staatskasse ihre eigenen, frei handelbaren verzinsten Schatzanweisungen ein, die der Regierung in Notsituationen einen sofortigen kurzfristigen Kredit einbringen sollten. Besitzer von Schatzbriefen konnten sie entweder bei Fälligkeit für die Bezahlung bestimmter Steuern verwenden oder sie bei der Bank in Banknoten eintauschen. Rasch wurde deutlich, daß die Bank kompetenter war als die Beamten des Schatzamts, um die Verwaltung der Staatsschuld zu übernehmen. Als 1707 die Konzession der Bank erneuert wurde, war diese tatsächlich der hauptsächliche Vermittler von kurzfristigen Darlehen an die Regierung und verwaltete auch die langfristigen, von den großen Handelsgesellschaften gezeichneten Staatsanleihen. Das Ergebnis dieser Entwicklung des öffentlichen Kreditinstrumentariums war die massive Ausweitung der Staatsschuld in Kriegszeiten (1688–1697, 1702–1713, 1739–1748, 1756–1763, 1776–1782 sowie 1793–1815). Bezeichnenderweise bedeuteten die Kosten einer vom Ende des Englischen Sukzessionskrieges (1698) bis zum Ende des Siebenjährigen Krieges (1763) wertmäßig fast um das Achtfache gestiegenen Staatsschuld für die Staatskasse nicht viel mehr als die Verdreifachung des jährlichen Nettoschuldendienstes.

Dieser Wandel im englischen (und nach der Union mit Schottland im Jahr 1707 im britischen) System der öffentlichen Finanzen hatte ein doppeltes Ergebnis. Erstens stärkte er die ökonomische Macht der Zentralregierung, weil er sie praktisch immun machte gegen die Finanzkrisen, die ihre meisten europäischen Rivalen plagten. Zweitens (und als ein Nebenprodukt des massiven Wachstums der Staatsschuld) trug er unmittelbar zur Modernisierung der Kreditinstitutionen des Landes bei, zur Integration seines Kapitalmarktes und zur Entwicklung eines prosperierenden und effizienten Finanzsektors.

John Brewer hat die »Herausbildung einer besonderen britischen Version des militärischen und Steuerstaats, mit großen Heeren und Flotten, fleißigen Beamten und hohen Schulden«[7] beschrieben. Tatsächlich war damit aus einer gespaltenen und recht unbedeutenden Militärmacht unter den Stuarts in den 1760er Jahren eine der größten Mächte im europäischen Gleichgewicht der Kräfte *(balance of power)* geworden. Natürlich beschäftigten die mit den unaufhörlichen Kriegen verbundenen ökonomischen Kosten die englische Regierung die meiste Zeit während des Zeitraums von 1689 bis 1815. Festzuhalten ist jedoch, daß die direkten und indirekten Kosten dieser Kriege für die militärischen und Handelsrivalen des Königreichs im allgemeinen höher waren, insbesondere für Frankreich, wo sie eine Reihe von finanziellen und politischen Krisen heraufbeschworen. Je mehr zudem die Kriege ihre Ziele erreichten, überseeische Märkte, insbesondere die rasch wachsenden nordamerikanischen Märkte, auf Kosten ihrer ausländischen Konkurrenten zu erweitern und tiefer zu durchdringen, leisteten sie einen positiven Beitrag zum gewerblichen Investitionsklima in der Aufschwungsphase der ersten Industriellen Revolution. Beispielsweise wuchs Davis zufolge die Bevölkerung der nordamerikanischen Kolonien »zwischen 1700 und 1774 um das Zehnfache, ihr Einkommen sogar noch schneller. Den größten Teil ihrer Exportgewinne gaben sie für britische Erzeugnisse aller Art aus, mit Ausnahme der im Haushalt gefertigten groben Wollstoffe und Tuche sowie einiger einfacher Holz- und Eisenwaren.«[8] Unterdessen wurden die traditionellen europäischen Märkte für britische Exporterzeugnisse im achtzehnten Jahrhundert zunehmend unzugänglicher. Daher vervielfachte sich zwischen 1669/1701 und 1772/1774 die Ausfuhr von Erzeugnissen aus England nach Amerika, Afrika und Asien um mehr als das Siebenfache, verglichen mit einem Anstieg von etwas mehr als dreizehn Prozent nach Kontinentaleuropa, das in den ersten Jahren des achtzehnten Jahrhunderts über vier Fünftel der gesamten Ausfuhr aufgenommen hatte und weniger als 43 Prozent Anfang der 1770er Jahre.[9] Und auch der Krieg, den das Vereinigte Königreich verlor – der amerikanische Unabhängigkeitskrieg (1775 bis 1783) –, störte den Ausbau seiner Handelsströme mit der schnell wachsenden atlantischen Wirtschaft nicht viel länger als ein Jahrzehnt. Ab 1783 gewann es mit seinen traditionell großen öffentlichen Investitionen in die königliche Marine weiterhin größere Anteile des amerikanischen Marktes für industrielle und gewerbliche Erzeugnisse als seine Konkurrenten. Tatsächlich hatte Großbritannien Ende des achtzehnten und zu Beginn des neunzehnten Jahrhunderts mehr aus der Handelsverbindung mit den Vereinigten Staaten zu gewinnen als jeder andere. Denn das Vereinigte Königreich bot nicht nur eine wachsende Nachfrage für die Exporte der Baumwollindustrie – ein Führungssektor der ersten Industriellen Revolution –, sondern lieferte auch deren wesentliches Rohmaterial, und das nach Eli Whitneys Erfindung der Baumwollentkernmaschine im Jahr 1793 zu rasch sinkenden Kosten.

Der demographische Kontext

Die Verbindungen zwischen der Bevölkerungsentwicklung und dem sozioökonomischen Wandel sind so komplex, miteinander verwoben und wechselseitiger Natur, daß es meist schwierig ist, ein schlüssiges, abschließendes Urteil für oder gegen verschiedene Deutungen der dynamischen Prozesse abzugeben, die reale historische Trends beeinflussen – selbst wenn genügend und verläßliche Zahlen vorhanden sind. Ebensowenig kann man, selbst wenn es möglich scheint, einen bestimmten Zusammenhang zwischen ökonomischem Wandel und dem Trend der Bevölkerungsentwicklung auszumachen, davon ausgehen, daß es sich dabei um einen dauerhaften Zusammenhang handelt. Ronald Lee beispielsweise hat zwischen kurzfristigen, mittelfristigen und langfristigen Interaktionsmustern unterschieden und argumentiert, daß langfristige Verschiebungen in der Wachstumsrate der Bevölkerung eines Landes (und die langfristigen Veränderungen interessieren uns hier) im allgemeinen durch veränderte Trends in der Nachfrage nach Arbeit erklärbar sind, die ihrerseits vom Zusammenwirken solcher Faktoren wie dem Klima, den natürlichen Ressourcen und der Technologie sowie den Institutionen abhängen, die vorherrschende Produktions- und Handelssysteme regieren.[10] Auf der anderen Seite kann man natürlich davon ausgehen, daß in einem Land die Bevölkerungsgröße und -dichte, ihre altersmäßige und ethnische Zusammensetzung sowie die Verteilung zwischen Stadt und Land wichtige Auswirkungen auf den Charakter und das Tempo des organisatorischen und technologischen Wandels haben. Gegenwärtig ist die Grundlage für Schätzungen der langfristigen Trends und der Struktur der englischen Bevölkerung besser als für jedes andere westeuropäische Land, was weitgehend ein Ergebnis der neueren Forschungen von Wrigley und Schofield ist. Ihre Rekonstruktion der Bevölkerungsgeschichte Englands kommt zu folgenden Schlüssen: »Das rasche Bevölkerungswachstum im sechzehnten Jahrhundert bewirkte ein abruptes Absinken des Lebensstandards, dem wiederum eine so ausgeprägte Abschwächung des Bevölkerungswachstums folgte, daß sie zu einer dreißigjährigen Zeitspanne führte, in der die Bevölkerungszahl sank, und einer sehr viel längeren, 65 Jahre dauernden Zeit, in der die Bevölkerungszahl unter dem 1656 erreichten Höhepunkt lag. Nach den ersten Jahrzehnten des achtzehnten Jahrhunderts beschleunigte sich indes die Wachstumsrate der Bevölkerung, und die Reallöhne stiegen erst langsamer, um anschließend wieder zu sinken, ganz ähnlich dem, was sich zweihundert Jahre zuvor abgespielt hatte.«[11]

Für Großbritannien insgesamt deuten die besten gegenwärtig verfügbaren Schätzungen darauf hin, daß es in der ersten Hälfte des achtzehnten Jahrhunderts einen bescheidenen Zuwachs der Gesamtbevölkerung von etwa 6,5 Millionen im Jahr 1700 auf 7,5 Millionen Einwohner im Jahr 1750 gegeben hat.[12] In der zweiten Hälfte des Jahrhunderts, als die Industrielle Revolution in Schwung kam, zeigte die britische Bevölkerung einen exponentiellen Anstieg, mit Wachstumsraten, die in der Zeit von 1781 bis 1911 zehn Prozent pro Jahrzehnt übertrafen und ihren Höhepunkt von 17 Prozent im 1821 endenden Jahrzehnt erreichten.

Zwei bekannte Kennzeichen des demographischen Hintergrunds, vor dem sich die Industrielle Revolution entfaltete, sind von besonderem Interesse. Erstens nahm die britische Bevölkerung – die bis Anfang des achtzehnten Jahrhunderts mit den für vorindustrielle Gesellschaften typischen Schwankungen gewachsen war und in der ersten Aufschwungs-

phase der Industriellen Revolution weiter einen Aufwärtstrend zeigte – weiterhin beschleunigt zu, als die Industrialisierung unumkehrbar in Schwung kam. Zweitens vollzog
sich eine deutliche Verschiebung im Zusammenhang zwischen der Bevölkerungs- und der Wirtschaftsentwicklung im
Laufe und als Teil der Industriellen Revolution.

Wrigley und Schofield zufolge waren ihre Ergebnisse für
die gesamte von ihnen behandelte vorindustrielle Epoche
konsistent mit zwei einfachen Annahmen, die der klassischen Bevölkerungstheorie zugrunde liegen: nämlich daß
man annehmen kann (wenn andere Faktoren gleichbleiben),
Bevölkerungswachstum drücke den Lebensstandard und ein
Anstieg des Lebensstandards rege das Bevölkerungswachstum an. So fanden sie eine positive Korrelation zwischen
wachsender Bevölkerung und steigenden Lebensmittelprei-
sen sowie (da die Reallöhne in Geldform in der vorindustriel-
len Epoche sich nur wenig veränderten) zwischen Bevölkerungswachstum und sinkenden Reallöhnen. Nach Schofields
Beobachtung verschwand die positive Korrelation zwischen
Bevölkerungswachstum und sinkenden Reallöhnen jedoch
mit der Industrialisierung, ironischerweise fast genau zu dem
Zeitpunkt, an dem Malthus so nachdrücklich die Aufmerksamkeit auf ihre Bedeutung richtete.[13] Im frühen neunzehnten Jahrhundert – nach einer Zeitspanne von zwei bis drei
Generationen (1731–1811), während deren sich die Bevölkerung fast verdoppelte und der Preis eines Warenkorbs von
Konsumgütern um das Zweieinhalbfache erhöhte – sanken die
Durchschnittsreallöhne zunächst und stiegen dann an, während sich das Bevölkerungswachstum weiter beschleunigte,
als der Industrialisierungsprozeß unumkehrbar in Schwung
kam. Um noch einmal Wrigley und Schofield zu zitieren:
»Die Welt, gesehen mit den Augen eines Mannes der Generation von Marx, hatte sich grundlegend gewandelt gegenüber
jener, die Malthus zwei Generationen zuvor beobachtet hatte.
Die Spannung zwischen Bevölkerungswachstum und Lebensstandard, die Menschen in die Armut gedrückt hatte, wich
nun einem so tiefgreifenden Wandel der Produktivität, daß

eine Zunahme der Armut nicht länger der Preis für einen Zuwachs der Bevölkerungszahl war.«[14]

Diejenigen, die argumentieren, eine lebhafte Nachfrage sei notwendig, um ein günstiges Klima für industrielle Innovationen und Entwicklung zu schaffen, werden den deutlichen Anstieg der Zahl britischer Konsumenten von den 1730er zu den 1820er Jahren zumindest als eine Teilerklärung für den Durchbruch der Industrialisierung am Ende des achtzehnten und im frühen neunzehnten Jahrhundert ansehen. Sicherlich unterschied sich die britische Bevölkerungsentwicklung deutlich von der jedes anderen europäischen Landes auf einem ähnlichen Stand der wirtschaftlichen Entwicklung. Die Bevölkerung der nächsten Konkurrenten Großbritanniens wuchs sehr viel langsamer. Von 1680 bis 1820, als die englische Bevölkerung um 133 Prozent wuchs, zeigte die französische Bevölkerung einen Anstieg von 39 Prozent, und die niederländische Bevölkerung vergrößerte sich um 8 Prozent.[15] Wenn man das Ausmaß der Veränderungen am Gewicht und der Struktur der gesamtwirtschaftlichen Marktnachfrage oder den strukturellen und organisatorischen Merkmalen der Volkswirtschaft festmachen will, ist die Tatsache vielleicht noch interessanter, daß die Verstädterung in Großbritannien schneller voranschritt als irgendwo sonst in Europa während dieser Epoche. Im Jahr 1700 war London bereits die größte europäische Stadt mit etwa 575 000 Einwohnern (ungefähr 5 Prozent der englischen Bevölkerung), verglichen mit einer halben Million Menschen, die in Paris lebten. Um 1800 war die Bevölkerung von Paris um etwa 10 Prozent gestiegen, während London auf 960 000 Einwohner angewachsen war. Dabei war London im achtzehnten Jahrhundert keineswegs die einzige größere Stadt im Vereinigten Königreich. Im Jahr 1700 lebten 17 Prozent der englischen Bevölkerung in städtischen Gebieten, und um 1801 war ihr Anteil auf 27,5 Prozent angewachsen. Die entsprechenden Zahlen für Frankreich liegen für beide Jahre bei etwa 11 Prozent.[16] Um 1871 waren beinahe zwei Drittel der englischen Bevölkerung Stadtbewohner – eine Zahl, die mehr als doppelt so hoch lag wie das Urbanisierungsniveau in anderen europäischen Ländern (bei ähnlichem Einkommensniveau) in der zweiten Hälfte des neunzehnten Jahrhunderts.[17]

Die relativ hohe und durchgängige Urbanisierungsquote des Vereinigten Königreichs im achtzehnten und neunzehnten Jahrhundert war verbunden mit einer relativ hohen Sterblichkeitsrate und einer ziemlich niedrigen Lebensqualität für einen wachsenden Teil der arbeitenden Schichten. Dennoch waren die städtischen Geburtenraten relativ hoch, und die Städte wuchsen weiter, weil sie mobile junge Erwachsene aus den Altersklassen, in denen man eine Familie gründete, vom Land anzogen. Während der ersten Etappen der Industrialisierung wuchsen die britischen Städte mehr dadurch, daß sie Arbeitskräfte vom Land anzogen, als durch natürliches Wachstum. Zwischen 1776 und 1811 bildeten Zuwanderer aus den ländlichen Gebieten Gorßbritanniens und Irlands rund 60 Prozent des Zuwachses der Bevölkerung, die in den britischen urbanen Regionen lebte. Die Migranten wurden angezogen durch die Aussicht auf höhere Löhne und dauerhaftere Beschäftigung als in den ländlichen Gebieten, aus denen sie kamen. Sie verfügten im allgemeinen über mehr Geld als ihre Kollegen auf dem Lande, und ihre Nachfrage nach Lebensmitteln, Brennstoff (insbesondere Kohle) und grundlegenden Erzeugnissen (von denen eine ländliche Familie viele selbst herstellte, als Teil der Subsistenzwirtschaft des Haushalts) stimulierte die Entwicklung von Gewerben und Industriezweigen, die für ihre Bedürfnisse produzierten, diese stützen und anregten. Zudem konnte man von den Migranten erwarten, daß sie positiver auf die neuen Produkte und Gelegenheiten, die der technologische Fortschritt eröffnete, reagieren würden – beispielsweise, indem sie ihr Konsumverhalten und ihre Arbeitspraktiken flexibler anpaßten als jene, die in ihrer überkommenen Umgebung blieben.

Das andere ins Auge springende Merkmal der britischen Urbanisierung bestand darin, daß die meisten rasch wachsenden Städte weitgehend selbst ein Produkt der Industriellen Revolution waren. Bereits im Jahr 1801 war die städtische Hierarchie durch die Industrielle Revolution verändert worden. Von den sechs Städten mit mehr als 50 000 Einwohnern waren zwei vierzig Jahre zuvor noch nicht einmal als Städte gezählt worden, nämlich Manchester (die zweitgrößte Stadt, nur von London übertroffen) und Leeds; und in diesen vierzig Jahren hatte sich die Bevölkerung von Liverpool und Birmingham verdreifacht. Neben London gehörte nur Bristol, das von 50 000 Einwohnern im Jahr 1750 auf 64 000 im Jahr 1801 angewachsen war, zu den sechs größten Städten während des achtzehnten Jahrhunderts. Tatsächlich wurden die neugegründeten Städte, die vergleichbar freie Gemeinden waren, außerhalb der von den traditionellen städtischen Zünften und Innungen ausgeübten Kontrolle, die Wachstumszentren für die moderne Marktwirtschaft.

Der landwirtschaftliche Kontext

Hätte die einheimische Landwirtschaft nicht den Nahrungsmittelüberschuß, die Rohstoffe und die überschüssigen Arbeitskräfte liefern können, um die Bedürfnisse einer rasch wachsenden und verstädternden Bevölkerung zu befriedigen, so hätte die britische Industrialisierung wahrscheinlich nicht jenen Schwung entwickelt, der sie am Ende des achtzehnten und im frühen neunzehnten Jahrhundert prägte. Wann und wie der unzweifelhafte Fortschritt in der landwirtschaftlichen Produktivität zustande kam, ist eine strittige Frage. Neben der Seltenheit direkter Quellen, die alle Versuche zunichte macht, zu gesicherten historischen Schätzungen der Gesamtproduktion oder der Produktivität zu kommen, liegt das Problem bei der Landwirtschaft darin, daß es sich um einen geographisch weit verstreuten, mannigfaltige Produkte erzeugenden Zweig handelt, in dem die Produktionsbedingungen (selbst ein und desselben Produkts) sich jeder Verallgemeinerung widersetzen, weil sie sich von Region zu Region unterscheiden auf Grund einer Vielzahl von geographischen, klimatischen, institutionellen und anderen Gründen.

Übereinstimmung scheint unter den Wirtschaftshistorikern darüber zu herrschen, daß einige britische Landwirte den größten Teil des siebzehnten, achtzehnten und frühen neunzehnten Jahrhunderts an der Spitze des landwirtschaftlichen Fortschritts standen. Denn es ist klar, daß der Nahrungsmittelbedarf einer wachsenden und verstädternden Nation mit einer geringen oder gar keiner Zunahme der landwirtschaftlichen Arbeitskräfte und der nur mehr gelegentlichen, kurzfristigen und marginalen Notwendigkeit, Nahrungsmittel zu importieren, befriedigt wurde. Der Anstieg der Agrarpreise um das Sechsfache vom frühen sechzehnten Jahrhundert bis zur Mitte des siebzehnten Jahrhunderts hatte beträchtliche Kapitalinvestitionen in Projekte zur Neugewinnung von Land, der Rodung und Trockenlegung sowie zur Verbesserung von Straßen und Wegen gefördert. Diese großen Investionen in die Infrastruktur vergrößerten die Anbauflächen und erhöhten die potentielle Ertragsquote auf Grund relativ bescheidener Ausgaben für beispielsweise neue Anbaupflanzen und Techniken, verbesserte Speicherkapazitäten oder landwirtschaftliche Gerätschaften und zusätzliches Vieh. So überrascht es nicht, daß die englischen kapitalistischen Landwirte, als das Bevölkerungswachstum im späten siebzehnten und frühen achtzehnten Jahrhundert ins Stocken geriet und die Agrarpreise sanken, mit dem Problem der Überproduktion konfrontiert waren. Joan Thirsk zufolge war dies in der Mitte der 1650er Jahre schon ein so ernstes Problem, daß »die Regierung gezwungen war, zunächst zu intervenieren und alle Nahrungsmittelexporte zu fördern, dann den Landwirten Prämien für ausgeführtes Getreide zu zahlen und später Steuerrückvergütung auf exportiertes Malz zu gewähren.«[18] Um 1750 entsprach die Menge des von England exportierten Getreides etwa dem Nahrungsbedarf eines Viertels seiner Gesamtbevölkerung.

Die Überproduktion wurde in der zweiten Hälfte des achtzehnten Jahrhunderts bald aufgesogen durch die beschleunigte Wachstumsrate der Bevölkerung und die zunehmende Verstädterung. Die traditionelle Deutung des Fortschritts der britischen Landwirtschaft verbindet ihn mit der Zunahme der vom Parlament dekretierten Einhegungen, welche die Verbreitung neuer (ursprünglich im siebzehnten Jahrhundert erfundener und erprobter) landwirtschaftlicher Verfahren erleichtert hätten, so daß sie für die Mehrheit der Landwirte in der zweiten Hälfte des achtzehnten Jahrhunderts gängige Praxis wurden. Gewiß war die Überzeugung, daß die Einhegung ein unfehlbares Rezept für größere Effizienz der Landwirtschaft sei, in der Ideologie der Grundbesitzer des achtzehnten und neunzehnten Jahrhunderts fest verwurzelt. Eine Reihe zeitgenössischer Beobachter und späterer Wirtschaftshistoriker verliehen der abgedroschenen Wahrheit unkritisch höhere Weihen. Die Historiker am Ende des zwanzigsten Jahrhunderts sind allerdings zunehmend skeptisch geworden hinsichtlich des Einflusses der Einhegungen auf die landwirtschaftliche Produktivität, und neuere Arbeiten, die den Verlauf des landwirtschaftlichen Fortschritts nachzuzeichnen versuchen, zweifeln diese traditionelle Deutung stark an.

Es gibt kaum Zweifel, daß zur Zeit der britischen Industriellen Revolution die breit einsetzenden Verbesserungen der landwirtschaftlichen Techniken und Speicherkapazitäten die Versorgung mit Nahrungsmitteln aus inländischer Produktion für Mensch und Vieh beträchtlich erhöht hatten. Es bleibt jedoch strittig, ob britische Landwirte wirklich deutlich innovativer waren oder höhere Erträge pro Ar aus Böden vergleichbarer Qualität erzielten als ihre Kollegen auf dem Kontinent. Es gab andere Gebiete in Nordwesteuropa – beispielsweise in Holland, Nordwestfrankreich und Irland –, in denen ähnlich hohe Erträge erreicht wurden. Die britische Landwirtschaft scheint allerdings in einem Punkt einen deutlichen Vorsprung gegenüber ihren europäischen Konkurrenten erreicht zu haben: hinsichtlich ihrer hohen und ständig steigenden Produktivität, ein Vorteil, den sie zum Teil ihren einzigartigen Strukturmerkmalen verdankt. Die Aristokratie und die Gentry, die bereits zu Beginn des achtzehnten Jahrhunderts mehr als 70 Prozent der Anbauflächen besaßen (und vielleicht mehr als 75 Prozent am Ende des Jahrhunderts), waren offenkundig durch eine Kombination von politischen, sozialen und ökonomischen Gründen motiviert, ihre Ländereien zu vergrößern und die Erträge zu steigern. Ihre politische Macht und ihr gesellschaftliches Prestige hingen unmittelbar von der Größe ihrer Güter ab, die durch das Erstgeburtsrecht zusammengehalten wurden. Ihre Einkünfte hingen von ihren Renten ab, also von ihrer Fähigkeit, ihr Land an bäuerliche Pächter zu vergeben, die wohlhabend genug waren, um genügend landwirtschaftliche Gerätschaften und Vieh anzuschaffen, über das nötige Wissen verfügten, um die gewinnbringendsten Methoden, die es gab, zu übernehmen und den Gegebenheiten anzupassen und die nötige Autorität als Verwalter besaßen, um hinreichend ausgebildete, täglich und das ganze Jahr hindurch verfügbare Arbeitskräfte anzuziehen und einzusetzen. Da sich das Bevölkerungswachstum beschleunigte und die Agrarpreise stiegen, erweiterten ehrgeizige Grundbesitzer ihren Landbesitz weiter durch stückweisen Zukauf, günstige Heiratspartien, ausgehandelte oder parlamentarisch verfügte Einhegungen; und sie ergriffen die Möglichkeiten, um Güter zu arrondieren, Marktverbindungen zu verbessern und Pachtverträge neu auszuhandeln in der Absicht, unternehmungsfreudige und effiziente Landwirte als Pächter zu gewinnen und die Verbreitung von landwirtschaftlichen Innovationen zu fördern.

Bereits vor dem Aufschwung der Industriellen Revolution existierte mithin eine kapitalistische, gewinn- und marktorientierte Landwirtschaft im Vereinigten Königreich, die von größeren Pächtern oder spezialisierten kleinen Landwirten wie Gärtnern, Obst- und Hopfenbauern, die wachsende städtische Gebiete versorgten, betrieben wurde. Es ist deshalb nicht überraschend, daß die landwirtschaftliche Betriebsgröße weiter wuchs, daß England am Ende des Jahrhunderts »größtenteils ein Land von Pächtern«[19] war und die landwirtschaftlichen Arbeitskräfte weitgehend Lohnabhängige waren. Dies war eine im Europa jener Zeit einzigartige Struktur der Landwirtschaft. Auf dem Kontinent produzierte der typische, vom Besitzer selbst bewirtschaftete bäuerliche Betrieb die meisten lebensnotwendigen Produkte selbst, hing weitgehend von der nicht spezialisierten Arbeitskraft der Familienangehörigen ab und gab jeden merklichen Überschuß dafür aus, den Hof zu vergrößern (ein oft von Zersplitterung bedrohter Grundbesitz, auf Grund eines relativ egalitären Erbrechts). Von Investitionen in neue Anbautechniken, Gerätschaften oder Speichermöglichkeiten wurde er dadurch abgehalten, daß das Familienkapital unwiederbringlich in Land angelegt war. In den Worten von F.M.Thompson: »Es wäre von grundlegender Bedeutung gewesen, wenn England in der Zeit der Bevölkerungsexplosion und Industriellen Revolution ein Land von bäuerlichen Eigentümern gewesen wäre. Eine solche Struktur hätte nicht nur spät auf steigende Nachfrage nach Nahrungsmitteln und Rohstoffen reagiert und durch seine langsame Anpassung an neue Outputniveaus und neue Techniken den Bevölkerungszuwachs gedämpft; sie hätte durch ihre Ausgabe- und Spargewohnheiten vermutlich auch einen großen Teil der Unterstützung des Wachstums durch den Binnenmarkt abgewürgt.«[20]

Letzten Endes liegt mithin das spezifischste Kennzeichen der Rolle der britischen Landwirtschaft während der ersten Industriellen Revolution in ihrer Fähigkeit, die Nahrungsmittelbedürfnisse einer schnell wachsenden und verstädternden Bevölkerung mit einem ständig sinkenden Anteil an der Gesamtzahl von Arbeitskräften (fast) vollständig zu erfüllen. Damit war eine hohe und wachsende Arbeitsproduktivität verbunden. Die derzeit verfügbaren Zahlen legen nahe, daß nicht nur die Produktivität der britischen landwirtschaftlichen Arbeit bereits Ende des achtzehnten Jahrhunderts im Vergleich mit anderen europäischen Ländern auf einem ähnlichen Entwicklungsstand hoch war, sondern auch, daß sie im neunzehnten Jahrhundert weiterhin ziemlich rasch stieg. Bairochs Berechnungen zufolge lag 1840 die körperliche Produktivität der britischen männlichen Landarbeiter um 50

Prozent höher als die ihrer französischen Kollegen und mehr als doppelt so hoch wie diejenige in der Schweiz, in Deutschland, Schweden oder Rußland.[21] O'Briens vergleichende Untersuchung des Wirtschaftswachstums in Großbritannien und in Frankreich ergibt, daß im gesamten neunzehnten Jahrhundert der Produktivitätsanstieg pro Arbeiter in der französischen Landwirtschaft nur ein Viertel der entsprechenden britischen Wachstumsrate betrug.[22] Die Gründe für die vergleichsweise höhere Arbeitsproduktivität der britischen Landarbeiter sind zweifellos komplex und vielfältig, je nach dem Vergleichszeitraum und dem Land, mit dem der Vergleich gezogen wird. O'Brien zufolge scheint beispielsweise »die Verwendung von so viel Land als Weideland für Großbritannien spezifisch [zu sein]. Die Anhäufung eines Viehbestands, der britische Landwirte mit mehr Zugkraft und sehr viel größeren Mengen von organischem Dünger pro Hektar pflügbaren Bodens versorgte, gab ihnen eine Überlegenheit nicht nur über die französischen Landwirte, sondern auch über Bauern in anderen Regionen Europas.«[23]

Was auch immer der Grund gewesen sein mag – die Folge war, daß Großbritannien früher als jeder andere seiner europäischen Konkurrenten die Arbeitskräfte freisetzen konnte, die für eine kontinuierliche Industrialisierung benötigt wurden. Eine angemessene Interpretation der spezifischen Bedingungen der britischen Erfahrung verlangt aber den Vergleich mit den Erfahrungen anderer europäischer Nationen im Prozeß der Industrialisierung.

Anmerkungen

1 G. N. von Tunzelmann, *Steam Power and British Industrialization to 1860*, Oxford 1978, S. 224. Die Vorwärtskoppelungen zwischen Innovationen in der Dampfkrafttechnologie und der Textilindustrie waren zwar vor der Mitte des neunzehnten Jahrhunderts bescheiden, doch eine wichtige Rückwärtskoppelung von der Baumwollindustrie zur Dampfkraft zeigte sich bereits in den 1790er Jahren, als große Feinspinnereien einen Großteil der in diesem Jahrzehnt errichteten neuen Wattschen Maschinen verwendeten.

2 Siehe *The Economic History of Britain since 1700*, hg. von Roderick Flock und Donald McCloskey, Cambridge 1981, Bd. 1, S. 103.

3. Siehe zum Beispiel J. A. Davis, »Industrialization in Britain and Europe before 1850«, in: P. Mathias und J. Davis (Hg.), *The First Industrial Revolution*, Oxford 1989, S. 67: »Es kann keine Rückkehr zu einem einzigen Industrialisierungsmodell geben; wir sind uns der außergewöhnlichen und atypischen Merkmale des englischen Falls im Hinblick auf den allgemeinen europäischen Industrialisierungsprozeß im neunzehnten Jahrhundert zunehmend bewußt geworden.«

4 P. K. O'Brien, »Do we have a typology for the study of European industrialization in the XIXth century?«, in: *Journal of European Economic History* 15 (1986), S. 292–315, hier S. 296.

5 Das Zitat stammt von Lord Dacre of Glanton, »The continuity of the English Revolution«, in: *Transactions of the Royal Historical Society*, 6th Series 1 (1991), S. 124.

6 H. Perkin, *The Origins of Modern English Society 1780–1880*, London 1969, S. 65.

7 J. Brewer, *The Sinews of Power: War Money and the English State 1688–1783*, London 1989, S. 250.

8 Ralph Davis, *The Industrial Revolution and Overseas Trade*, Leicester 1979, S. 13.

9 Ibid., S. 14.

10 Siehe Ronald Lee, »Population homeostasis and English demographic history«, in: R. I. Rotberg und T. K. Rabb (Hg.), *Population and History from the Traditional to the Modern World*, Cambridge 1986.

11 Siehe E. A. Wrigley und R. S. Schofield, *The Population History of England 1541–1871: A Reconstruction*, 1981. Diese Studie von 1981 beruht auf Quellen (hauptsächlich Pfarregister sowie Volkszählungen des neunzehnten Jahrhunderts), die informationsreich und verläßlich genug sind, um den Bevölkerungshistorikern die Analyse langfristiger Muster des Wandels demographischer Variablen (Geburten, Sterbefälle, Eheschließungen und Wanderungsbewegungen) zu erlauben und diese mit den Mustern ökonomischen und sozialen Wandels in Beziehung zu setzen. Ibid., S. 412.

12 Siehe die Schätzung für Wales und Schottland in Robert Woods, »Population growth and economic change in the eighteenth and nineteenth centuries«, in: Mathias und Davis, *The First Industrial Revolution*, S. 137.

13 A. R. Schofield, »Experiment in history«, in: Rotberg und Rabb, *Population and History*, S. 28.

14 Wrigley und Schofield, *Population History of England*, S. 412.

15 E. A. Wrigley, *People, Cities and Wealth*, Oxford 1987, S. 234.

16 E. A. Wrigley, »Urban growth and agricultural change: England and the Continent in the early modern period«, in: Rotberg und Rabb, *Population and History*, S. 128.

17 Siehe J. G. Williamson, *Coping with City Growth during the British Industrial Revolution*, Cambridge 1990, S. 4, für einen Vergleich des Urbanisierungsgrades in den westeuropäischen Ländern, die sich im neunzehnten Jahrhundert industrialisierten.

18 Joan Thirsk, Einleitung zu Band VI von: *The Agrarian History of England and Wales, 1640–1750*, Cambridge 1983, S. xxiii.

19 F. M. L. Thompson, »The social distribution of landed property in England since the sixteenth century«, in: *Economic History Review* 19 (1966), S. 516.

20 Ibid., S. 517.

21 Siehe P. Bairoch in einem Aufsatz in den *Annales E.S.C.* (1965), zitiert von N. F. R. Crafts, *British Economic Growth during the Industrial Revolution*, Oxford 1985, S. 121.

22 P. O'Brien und C. Keyder, *Economic Growth in Britain and France 1780–1914*, London 1978, S. 102.

23 Ibid., S. 119.

Richard Tilly
Die deutsche Industrialisierung

Langfristige Auswirkungen der Industrialisierung
auf den Wohlstand

Industrialisierung gehört als Spezies zu einer größeren Gattung, der wirtschaftlichen Entwicklung, und bezeichnet die spezifische historische Form, die sie im neunzehnten Jahrhundert in vielen Ländern angenommen hat. Die deutsche Industrialisierung ist ein Beispiel; sie ist natürlich für Historiker interessant, bietet aber auch eine Grundlage, allgemeine Themen zu erörtern wie die Auswirkungen wirtschaftlicher Entwicklung auf den Wohlstand eines Landes oder ihre sozialen und politischen Folgen. Im folgenden wird deshalb versucht, die deutsche Industrialisierung auf einer allgemeinen Ebene zu behandeln. Der Ansatz ist allerdings vorrangig ein historischer, nicht nur hinsichtlich des Vorgehens, einen chronologischen Rahmen zu setzen und Periodisierungsfragen ausdrücklich zu erörtern, sondern auch in grundlegendem Sinn: Es soll versucht werden zu zeigen, daß das Verlaufsmuster des historischen Wandels und der ökonomischen Entwicklung in einer gegebenen Periode das der folgenden Perioden merklich beeinflußte.

Niemand kann die absoluten und relativen Verbesserungen des materiellen Wohlstands bezweifeln, die der Bevölkerung Deutschlands im Lauf des neunzehnten Jahrhunderts zugute kamen. Gestützt auf entwicklungs- und wachstumsökonomische Ansätze kann man die Höhe des Realeinkommens pro Kopf als einen Wohlstandsindikator ansehen. Das grundlegende Verfahren besteht darin, eine relativ verläßliche Schätzung des Realeinkommens pro Kopf für das zwanzigste Jahrhundert zu nehmen, im Fall Deutschlands etwa für das Jahr 1913, und sie zurückzuverlängern mit Hilfe verfügbarer ökonomischer Indikatoren, von denen man eine enge Korrelation mit dem Realeinkommen vermutet (so etwa die Pro-Kopf-Produktion von Eisen, die Zahl der versandten Briefe pro Kopf usw.).

Festzuhalten ist ein Anstieg des Realeinkommens in der ersten Hälfte, der sich in der zweiten Hälfte des neunzehnten Jahrhunderts beschleunigt. Diese Bewegungen spiegeln wichtige strukturelle Veränderungen wider. Festzuhalten sind auch die Bewegungen der geschätzten Reallöhne. Sie bleiben bis in die 1870er oder 1880er Jahre weiter hinter dem Pro-Kopf-Einkommen zurück, schwanken zwar, aber ohne deutlichen Aufwärtstrend. Sie weisen damit erstens auf eine Umverteilung des Einkommens zugunsten der Besitzenden bis in die 1880er Jahre hin und zweitens darauf, daß von diesem Zeitpunkt an der Produktionsfaktor Arbeit einen Anteil an den Früchten des Produktivitätszuwachses erhielt. Dieser Eindruck einer allgemeinen Verbesserung wird bestätigt durch Zahlen über die Lebenserwartung.

Der Aufwärtstrend in der zweiten Hälfte des Jahrhunderts ist unverkennbar. Der Anteil der ärmeren Gruppen der Gesellschaft an diesen Verbesserungen blieb freilich hinter dem Durchschnitt zurück, aber auch für sie gab es vor 1914 einen merklichen Fortschritt. Damit wird ein weiteres Mal die Verteilungsfrage aufgeworfen.

Die Fortschritte des materiellen Wohlstands in Deutschland waren also relativ. Schätzungen zufolge hatten Deutsche bis zur Jahrhundertmitte deutlich niedrigere Einkommen als die Briten und die Belgier und etwas niedrigere Einkommen als die Franzosen. Innerhalb einer Generation hatte sich die deutsche Position jedoch beträchtlich verbessert.

Man könnte die Zuverlässigkeit derartiger Schätzungen bezweifeln und mehr noch die von ihnen aufgestellte Rangordnung, beispielsweise den Vorrang der Deutschen vor den Franzosen bereits im Jahr 1870. Dennoch steht der allgemeine Eindruck eines relativen Fortschritts im Einklang auch mit Darstellungen der europäischen Industrialisierung, die auf anderen Quellen und Belegen beruhen – beispielsweise der Untersuchung von David Landes[1], die auf dem technologischen Wandel aufbaut. Die darin implizierte Ansicht, daß die Industrialisierung Gewinne erwirtschaftete, die an breite Bevölkerungsschichten verteilt wurden, ist schließlich durchaus einleuchtend.

Die Perioden der deutschen Industrialisierung

Trotz viel wohlverdienter Kritik haben die alten, von Walt Rostow eingeführten Industrialisierungsstadien (Schaffung der Vorbedingungen, Take-off und Entwicklung zur Reife) ihre Verdienste und entsprechen im großen und ganzen den Umrissen der deutschen Industrialisierung.[2] Aus sprachlichen Gründen übernehme ich nicht genau dieselbe Begrifflichkeit, aber die Logik ist ähnlich. Die meisten deutschen Historiker würden wahrscheinlich die folgende grobe Periodisierung akzeptieren:

1. Eine Periode des Aufkeimens oder der Schaffung der Vorbedingungen modernen Wachstums (auch »Frühindustrialisierung« genannt), die sich vom späten achtzehnten Jahrhundert bis in die 1830er Jahre erstreckte und wichtige institutionelle Reformen, die Übernahme industrieller Technologien und andere Manifestationen wirtschaftlicher Modernisierung umfassen.

2. Eine Phase beschleunigten Wachstums oder industriellen Durchbruchs (auch Take-off genannt), gekennzeichnet durch einen starken Zuwachs der Investitionen in den Eisenbahnbau und die Schwerindustrie (von den späten 1830er bis zu den 1870er Jahren), durch eine breite Zuwanderung von Arbeitskräften in die städtischen Gewerbe sowie einen deutlichen Zuwachs der Produktivität und der Realeinkommen pro Kopf.

3. Eine Phase weiteren industriellen Wachstums – von Rostow »Entwicklung zur Reife« (Drive to Maturity) genannt und auf die Zeit von den 1870er Jahren bis etwa zum Ersten

Weltkrieg datiert –, in der neue Organisationsmethoden und Technologien sich aus einer kleinen Zahl von »Führungssektoren« hinaus in andere Branchen ausbreiteten und ein sehr viel größeres Spektrum der Wirtschaft abdeckten und in der Produktivitätszuwächse und zunehmende Pro-Kopf-Einkommen fast eingeholt wurden von steigenden Reallöhnen.

Es sind auch andere Unterteilungen vorgeschlagen worden, aber für unsere Zwecke genügen die drei skizzierten Hauptphasen, die im folgenden analysiert werden sollen.

Schaffung der Vorbedingungen

Die historische Literatur über die Entstehungsphase hat sich besonders auf zwei wichtige Themen konzentriert: auf die Rolle ausländischer Technologie und ihre Nachahmung in Deutschland sowie auf die Frage des institutionellen Wandels. Persönliche Präferenzen führen den Autor dazu, sich auf das zweite Thema zu konzentrieren. Selbst diese Spezialisierung erfordert noch eine beträchtliche Selbstbeschränkung; im folgenden werden nur zwei Aspekte erörtert: die preußischen Agrarreformen und die Schaffung des Zollvereins.

Die Stein-Hardenbergschen Reformen, mit denen in Preußen nach der militärischen Niederlage von Jena (1806) begonnen wurde, bildeten einen wichtigen, ja entscheidenden Schritt vorwärts in der deutschen Industrialisierung. Am wichtigsten waren die Agrarreformen, die mittels einer Reihe von Edikten und Verordnungen von 1807 bis 1821 individuelle Eigentumsrechte begründeten, vor allem den Besitz von Land und der eigenen Arbeitskraft in der Landwirtschaft. Diese Maßnahmen hatten ihre größten Auswirkungen in den alten ostelbischen Territorien, in denen bis dahin quasi feudale Beziehungen vorgeherrscht hatten. Drei Schlüsselaspekte dieser Reformen müssen hervorgehoben werden.

Erstens wurden die Bauern persönlich frei: sie konnten das Gut ihres Herrn verlassen, nach ihrem Gutdünken heiraten usw. Die Kehrseite dieser Freiheit war, daß die Herren nicht länger die gesetzliche Pflicht hatten, ihre Bauern in Notzeiten zu unterstützen. Übertrieben vereinfachend könnte man sagen, daß eine Marktbeziehung an die Stelle einer hierarchischen, feudalen Beziehung getreten war. Zweitens erhielten die Gutsbesitzer und Grundherren und die meisten Bauern klare Rechtstitel auf den von ihnen genutzten Boden, obschon es hier zu einem deutlichen Ungleichgewicht kam. Nach der unausgesprochenen Theorie war alles Land außer der Allmende Eigentum der Herren; die Bauern mußten es deshalb von diesen erwerben. Außerdem waren mit der Nutzung des Bodens durch die Bauern Arbeitspflichten gegenüber dem Herrn verbunden, so daß bäuerlicher Grundbesitz deren Ablösung erforderte. Für die meisten typischen bäuerlichen Betriebe bedeutete die Festsetzung dieser Ansprüche, daß zwischen einem Drittel und der Hälfte des vorher von den Bauern bewirtschafteten Landes an die Grundherren überging. Drittens trennten die privaten Landbesitzer – Herren und Bauern – ihr Land von den bisher existierenden Gemeinheiten und schufen durch deren Abschaffung und geeigneten Landtausch zusammenhängende Höfe und Güter im Besitz individueller Eigentümer.

Diese »Revolution der Eigentumsrechte« trug in verschiedener Weise zur deutschen Industrialisierung bei. Erstens förderten individuelle Eigentumsrechte an Land und Arbeitskraft vermutlich die effizientere (oder intensivere) Nutzung dieser Ressourcen: Die Bauern behielten einen größeren Teil der Früchte ihrer Arbeit als zuvor, während Großgrundbesitzer, die zunehmend auf Lohnarbeit zurückgriffen, die Arbeitskräfte wahrscheinlich kostenbewußter einsetzten. Eine wichtige Folge dieser Beziehungen war, daß »überschüssige Arbeit« in der Landwirtschaft rascher als solche erkannt und dazu gebracht wurde, in nichtlandwirtschaftliche Arbeitsverhältnisse abzuwandern. Dies zahlte sich – zumindest auf lange Sicht – in steigender Produktivität in der Landwirtschaft aus. Natürlich gibt es nur wenige Zahlen über den Input und Output in der Landwirtschaft in der ersten Hälfte des neunzehnten Jahrhunderts, aber eine beträchtliche Zunahme des Bodenertrags und der Arbeitsproduktivität in Preußen – insbesondere in Ostelbien – während dieses Zeitraums scheint sehr wahrscheinlich. Man kann die Hypothese aufstellen, daß ohne die Reformen nach 1806 derartige Produktivitätszuwächse sehr viel unwahrscheinlicher gewesen wären.

Zweitens hatten die Reformen bedeutende Auswirkungen auf die Vermögensverteilung und die Sozialstruktur. Die preußischen (und später deutschen) Agrarreformen zwangen die Bauern, für die persönliche Befreiung und ihr Land zu bezahlen. Wenn man annimmt, daß die Landnutzung vor den Reformen echte Besitzansprüche widerspiegelte – was nicht die Annahme der Reformer war –, so könnte man die Reformen als ungeheure Umverteilung von Ressourcen zugunsten der adligen Grundherren und Gutsbesitzer interpretieren. Beträchtliche Summen wechselten zwischen 1821 und 1850 (der Zeitspanne, in der etwa 90 Prozent der relevanten Ansprüche auf Land festgesetzt wurden) den Besitzer: einer Schätzung zufolge Barzahlungen in Höhe von 243 Millionen Mark und Transfers von Grund und Boden im Wert von 84 Millionen Mark, insgesamt also 327 Millionen Mark oder 10 Millionen Mark pro Jahr. Dies war mehr als die geschätzten jährlichen Nettoinvestitionen in Preußens gewerblichen Sektoren während dieser Zeit. Zwei Konsequenzen ergaben sich aus diesem Transfer. Die eine war die weitere Verarmung und Marginalisierung besitzender Kleinbauern und der Landlosen, deren Existenz zum Teil auf dem Zugang zu den nunmehr »privatisierten« Gemeinheiten beruht hatte. Diese gesellschaftliche Schicht wurde die Basis eines ländlichen Proletariats und füllte auch die Reihen der Migranten auf ihrem Weg in die Auswanderung oder in nichtlandwirtschaftliche Arbeitsverhältnisse andernorts in Deutschland. Eine zweite Konsequenz war die Stärkung der gesellschaftlichen und wirtschaftlichen Position der adligen Grundherren und Gutsbesitzer in Preußen. Die mutmaßlichen Auswirkungen dieses Transfers auf das wirtschaftliche Wachstum waren zwiespältig. Auf der einen Seite kann man sagen, daß diese Landübergabe die ökonomische Entwicklung gebremst hat (verglichen mit vorstellbaren alternativen institutionellen Lösungen), da die Gutsbesitzer weniger effizient waren als bäuerliche Landwirte. Auf der anderen Seite wurden die Grundherren und Gutsbesitzer als Nutznießer des neuen Systems von Eigentumsrechten zumindest stillschweigend zu einer seiner wichtigsten Stützen. Das machte sie zu potentiellen Verbündeten des aufsteigenden städtischen Bürgertums und erhöhte wahrscheinlich die gesellschaftliche und politische Stabilität des Landes.

Die Handelspolitik bildet eine zweite wichtige Form des institutionellen Wandels, der sich im ersten Drittel des neunzehnten Jahrhunderts vollzog und die nachfolgende Entwicklung stark beeinflußte. Die Geschichte begannn mit der preußischen Zollunion von 1818, die die inneren Zölle abschaffte und die verwaltungsmäßige, politische und wirtschaftliche Integration von Preußens neuen westlichen Provinzen, dem Rheinland und Westfalen, und seiner älteren östlichen Basis (Ostelbien) fördern sollte. Finanzpolitische Motive beherrschten indes die weitere Entwicklung. Das neue Zollsystem brachte einen größeren Zuwachs an Nettoeinnahmen als vorhergesehen – Zugewinne, die um so willkommener waren, als sie von den politischen Zwängen frei waren, die mit Veränderungen der *direkten* Steuern zu tun hatten (Verhandlungen mit den quasiparlamentarischen Provinzialständen). Dies sollte sich als wichtig erweisen, als später der Zollverein auf den Weg gebracht wurde. Die preußische Zollunion von 1818 führte zu Umlenkungen der Handelsströme, die andere deutsche Staaten betrafen, deren Handelswege durch preußisches Gebiet führten. Diese Staaten, insbesondere in Süddeutschland, betrachteten die Politik Preußens mit Mißtrauen. Außerdem sahen sie, daß Preußen versuchen würde, seine geopolitisch getrennten westlichen und östlichen Territorien zu vereinen; eine solche Vereinigung würde ihren Zugang zu Nordwesteuropa in preußische Hände legen. Sie erwiesen sich allerdings als anfällig für preußische Einflußnahme, denn einer der großen Vorteile der größeren preußischen Zollunion war ihre relativ hohe Einnahmequote im Verhältnis zu den Erhebungskosten – zu jener Zeit ließen sich durch Zollunionen beträchtliche Kostensenkungen erzielen (je größer das Zollunionsgebiet war, desto geringer würden die Erhebungskosten ins Gewicht fallen), und diesen Zuwachs der Nettoeinnahmen versprachen die Führer Preußens mit den kooperierenden Staaten zu teilen. Da die kleineren deutschen Staaten und besonders ihre Fürsten und Räte hungrig nach Einnahmen waren, die ihre innenpolitische Position stärken könnten, übte das Versprechen eine unwiderstehliche Anziehungskraft aus: 1828 wurde die Zollunion von Preußen und Hessen-Darmstadt gebildet, und kurz darauf einigte sich der norddeutsche Preussisch-Hessische Zollverein mit dem Bayern-Württemberg-Zollverband in Form eines Zoll- und Handelsvertrages, der Preußen die begehrte zollfreie Ost-West-Verbindung verschaffte. Straßenbaukonzessionen an thüringische Staaten, die Mitglieder des Gegenzollverbandes waren, halfen nicht nur, Mißtrauen zu zerstreuen und ihnen ein Gefühl der Sicherheit zu geben, sondern dienten auch dazu, sie zum Beitritt zu bewegen und einen Gegenverbund, den »Mitteldeutschen Handelsverein«, aufzubrechen. Schon bald wurden weitere Beitritte registriert und der Deutsche Zollverein gegründet (1833; Inkrafttreten am 1. Januar 1834). Da es sich um ein System von Verträgen zwischen souveränen Staaten handelte, kann man nicht annehmen, die Zukunft des Zollvereins sei von vornherein gesichert gewesen. Dennoch, die 1830er Jahre waren eine Zeit der Ausweitung des Handels, die den Mitgliedsstaaten beträchtliche Zuwächse der Zolleinnahmen einbrachte (die pro Kopf-Einnahmen der Mitgliedsstaaten stiegen von 1834 bis 1842 um etwa 5 Prozent pro Jahr). Dies machte mehr als jedes andere Argument die Erneuerung des Zollvereins in den 1840er Jahren »unvermeidlich«.[3]

Ein solcher institutioneller Wandel, könnte man argumentieren, habe die deutsche Industrialisierung stark gefördert.

Hier ist nicht der Ort für eine genaue Bestimmung der Netto-
gewinne der handelschaffenden Wirkungen des Zollvereins
gegenüber seinem handelumlenkenden Effekt (d. h. inwieweit die Ausdehnung des innerdeutschen Handels die
Schrumpfung des Handels mit nichtdeutschen Ländern auf-
wog). Ebensowenig ist hier der Ort für die Erörterung des
Zollschutzes, den der Zollverein den Industrien in der »Lern-
phase« gewährte. Zwei wichtige Einflüsse verdienen indes
Beachtung. Der erste betrifft den Eisenbahnbau. Der preußische und der deutsche Zollverein lenkten die regionalen
Handelsströme um und zogen das Augenmerk der betroffe-
nen Staaten – sowie der ökonomischen Interessenvertreter
in den wichtigsten Städten – auf die Bedeutung von verbesserten Transportwegen für die Sicherung des eigenen Han-
delsanteils. Die Gründung des Zollvereins brachte die Han-
delskonkurrenz wahrscheinlich rascher und nachdrücklicher
dazu, als es sonst der Fall gewesen wäre, die Verkehrswege
zu verbessern und auszubauen, wobei der Eisenbahnbau der
1830er Jahre auf den Straßenbau in den 1820er Jahren folgte.

Ein zweiter bleibender Beitrag des Zollvereins zur Industrialisierung war die monetäre Integration. Im Unterschied
zur heutigen Europäischen Gemeinschaft betrieb der Zollverein von Anfang an die Vereinheitlichung des Währungsge-
biets. Der unmittelbare Grund lag darin, daß für die Umverteilung der Zolleinnahmen unter den Mitgliedsstaaten feste
Wechselkurse zwischen den verschiedenen Währungen (weitgehend Münzwährungen) benötigt wurden. Da die Einnahmen die hauptsächliche *raison d'être* des Zollvereins bildeten,
war dies ein schwerwiegendes Problem, das in den Verträgen
von 1837 und 1838 formell gelöst wurde. Als später Notenbanken zur Geldschöpfung und als zusätzliche Einnahmequelle
(Papiergelder und Banknoten waren in den ursprünglichen
Vereinbarungen über den Wert der verschiedenen Münzen
und Münzfüße sowie deren Relationen zueinander nicht be-
rücksichtigt worden) gegründet wurden, hat man auch dies
förmlich geregelt (1857). De facto wurde damit die preußische Notenbank das Hauptinstrument des Zollvereins zur

Regulierung der Geldschöpfung. Diese Entwicklung machte den interregionalen Handel früher kostengünstiger und gestaltete die förmliche Vereinigung des Landes 1867 und 1871 weniger schwierig, als das sonst der Fall gewesen wäre.

Die beiden hier erörterten Beispiele können natürlich keineswegs den Beitrag erschöpfend behandeln, den der institutionelle Wandel in der frühen Entstehungsperiode zum langfristigen Wachstum in Deutschland geleistet hat. Sie sollen nur veranschaulichen, wie institutionelle Veränderungen einen Rahmen absteckten, in dem die grundlegenden Elemente der deutschen Industrialisierung – Kapitalakkumulation, Mobilisierung von Arbeit und technologischer Wandel durch Nachahmung und Anpassung von andernorts erfundenen Neuerungen – zu arbeiten beginnen konnten. In diesem Sinn legte die »Periode der Vorbedingungen« den Grundstein für die folgende Entwicklung.

Der industrielle Durchbruch

Im zweiten Drittel des neunzehnten Jahrhunderts beschleunigte sich das deutsche Wirtschaftswachstum, weitgehend in Schwung gehalten durch die Industrialisierung. Die wesentliche Triebkraft hinter dieser Beschleunigung war der Eisenbahnbau; denn dieser bedeutete nicht nur für sich genommen eine sehr wichtige Innovation, sondern brachte selbst wiederum die Expansion der Schwerindustrie mit sich. Das ist zumindest eine einleuchtende Hypothese: die »Führungssektor«-Hypothese der deutschen Industrialisierung, eine Sicht des Entwicklungsprozesses, die an Joseph Schumpeter (seine »Theorie der wirtschaftlichen Entwicklung«) erinnert. Eine ursprünglich anderswo entwickelte Neuerung bot sich zur Anwendung vor Ort an und wurde rasch von »dynamischen Unternehmern« übernommen. Überkommene ökonomische und politische Interessen widersetzten sich und verlangsamten zunächst die Übernahme der Innovation, doch innerhalb von zehn Jahren (am Ende der 1830er Jahre) wurde der Bau kommerzieller Eisenbahnstrecken in Angriff genommen und Kapital in bis dahin ungekanntem Ausmaß mobilisiert, um ihn zu finanzieren. Die Baukosten wurden gewöhnlich unterschätzt, ausufernde Kosten waren ein endemisches Problem, ebenso die damit verbundenen finanziellen Schwierigkeiten. Ein deutliches zyklisches Verlaufsmuster kristallisierte sich heraus: ein Wechsel von Aufschwung und Einbruch, aber auf der Basis eines über Jahrzehnte anhaltenden Aufwärtstrends der Investitionstätigkeit. Die Industrialisierung in dieser »Durchbruchszeit« erwies sich mithin als eine Folge von »Wachstumszyklen«, die weitgehend vom Eisenbahnbau bestimmt wurden.

Die Überzeugungskraft der »Führungssektor«-Hypothese für die deutsche Industrialisierung gründet auf drei spezifischen Merkmalen des Eisenbahnsektors, die von den Historikern dieser Periode ausgemacht worden sind: dem Zeitpunkt und der Natur der Investitionen in Eisenbahnen und Schwerindustrie; dem Umfang der Investionen in Eisenbahnen; und den Auswirkungen des Wachstums der Eisenbahnen auf die Produktivität und die Transportpreise. Diese drei Punkte sollen im folgenden erörtert werden.[4]

Erstens, die Ausdehnung des Führungssektorsyndroms von Eisenbahnen, Steinkohlenbergbau und Eisen- und Stahlherstellung war weitgehend ein vom Markt angetriebener Prozeß, obgleich sein genaues *Timing* paradoxerweise höchst empfindlich auf politischen Wandel reagierte. In Preußen hing der Eisenbahnbau aus einer Reihe von guten Gründen (beispielsweise dem Recht zur Enteignung von Grund und Boden) von staatlicher Zustimmung ab, und so wurde erst in den späten 1830er Jahren ein einigermaßen triftiges Verfahren zur Konzessionierung privater Gesellschaften entwickelt.[5] Dies befreite die Investitionen in den Eisenbahnbau von einem wichtigen Hemmnis, und so nahmen sie in den 1840er Jahren einen raschen Aufschwung – bis sie 1844 von einer anderen staatlichen Maßnahme, den Gesetzen gegen spekulative Transaktionen mit Eisenbahnpapieren, gebremst und schließlich von der Handels- und Finanzkrise von 1847/48 ganz gestoppt wurden. Die unmittelbar auf diese Krise folgende Revolution von 1848/49 veränderte selbst die Bedingungen, innerhalb deren sich das Führungssektorsyndrom entwickelte, in zweierlei Hinsicht: Erstens war dank der stabilisierten politischen Lage nach 1849 der Staat bereit, in den 1850er Jahren sehr viel mehr Finanzmittel in den Ausbau des Eisenbahnnetzes zu pumpen als in den 1840er Jahren; zweitens liberalisierte der Staat seine Politik der Konzessionierung von Industrieaktiengesellschaften und zog sich auch aus der strengen administrativen Kontrolle des Steinkohlenbergbaus zurück. Beide Veränderungen zusammen ermöglichten in den 1850er Jahren eine starke Erweiterung der Kapazitäten und die Zunahme von Investitionen in der Schwerindustrie – ein Boom, der zu den bemerkenswertesten des ganzen Jahrhunderts gehört.[6]

Es würde jedoch in die Irre führen, wollte man die wirtschaftliche Expansion als Ausfluß staatlichen Handelns ansehen. Vor dem Hintergrund der beschriebenen politischen Veränderungen bestimmten die Marktkräfte das ökonomische Entwicklungsmuster. Wenn wir beispielsweise die Beweggründe für Eisenbahninvestitionen während dieses Zeitraums ausfindig zu machen suchen, so erhalten wir als Antwort: beispielsweise erwartete Gewinne, wie sie an der Rendite von Eisenbahninvestitionen gemessen wurden. Diese Gewinnerwartungen waren zudem nicht irrational, denn sie stützten sich auf realisierte Einnahmen der Eisenbahngesellschaften, die rasch genug wuchsen, um anzunehmen, daß es von Anfang an eine adäquate Nachfrage nach Dienstleistungen der Eisenbahnen gab. Investitionen in den Steinkohlenbergbau und die Eisenindustrie hingen wiederum von den Preisen dieser Erzeugnisse in den vorangegangenen Perioden ab sowie von der Nachfrage der Eisenbahnen. Wir haben also einen modernen Sektor vor uns, der innerhalb der weiteren, im wesentlichen agrarischen und handwerklichen Wirtschaft emporwuchs. Einen modernen Sektor, der nicht auf das Real-

einkommen oder die Konsummuster der gesamten Volkswirtschaft reagierte, sondern auf einen anfangs kleinen, aber
dynamisch wachsenden Kern von interdependenten, modernen Industrieunternehmen, die von Gewinnerwartungen do-
miniert wurden. Die Zyklen und Krisen der 1840er, 1850er,
1860er und 1870er Jahre unterstreichen den im Kern unge-
planten Marktcharakter der Entwicklung dieser Periode.

Zweitens waren Eisenbahnen von Anfang an äußerst kapitalintensive Großunternehmen und begannen als solche
rasch einen spürbaren Einfluß auf die übrige Wirtschaft auszuüben. Der Bau und später der Betrieb von Eisenbahnen
schufen – direkt und indirekt – Einkommen und Arbeitsplätze. Bereits in den 1840er Jahren plädierten zeitgenössi-
sche deutsche Beobachter, die verzweifelt waren über die um
sie herum herrschende Armut und Unterbeschäftigung, für
Eisenbahninvestitionen als eine produktive, langfristige Form
der Armenfürsorge und der Schaffung von Arbeitsplätzen.
Im Rückblick lassen sich zudem die Eisenbahninvestitionen
als »Zyklusmacher« der Wirtschaft ausmachen, denn die meisten (meßbaren) Schlüsselindikatoren der Bewegung des
Konjunkturzyklus tendierten dazu, ihrem Auf und Ab in den
Zyklen dieser Periode (1840–1880) zu folgen.

Von besonderer Bedeutung ist das, was Ökonomen Rück-
koppelungseffekte *(backward linkages)* nennen. Diese zeigen,
wie die Nachfrage der Eisenbahnen die Verkäufe, Gewinne,
die Produktion und letzlich die Investitionen in den entsprechenden Branchen der Volkswirtschaft beeinflußten. Die
Schlüsselbranchen waren natürlich der Steinkohlenbergbau
und die Eisen- und Stahlindustrie. Wirtschaftshistoriker haben einige Input-Output-Berechnungen angestellt, die darauf hindeuten, wie eng diese Koppelungen waren. Festzuhalten ist eine Asymmetrie: die Eisenbahnen beeinflußten den
Steinkohlenbergbau und die Eisenindustrie sehr viel mehr,
als sie von diesen Branchen beeinflußt wurden. Wichtig ist jedoch, die dynamischen und qualitativen Auswirkungen zu
betonen. Als ein Beispiel für die Wachstumseffekte läßt sich
der Unterschied zwischen den 1840er und den 1850er Jahren

nennen. In den 1840er Jahren wuchsen die preußischen Eisenbahnen jährlich um 20 Prozent, Eisen und Kohle dagegen um 4 Prozent beziehungsweise 4–5 Prozent. Preußische Eisenhütten hatten ihren Anteil an der Versorgung des expandierenden Eisenbahnsektors mit Schienen, doch der größte Teil wurde eingeführt, und einheimische Schienen wurden mit Roheisen hergestellt, das weitgehend importiert worden war. Denn die preußische und deutsche Industrie war bei weitem zu klein und rückständig, um die riesige Nachfrage befriedigen zu können. Die Gewinne für diejenigen, die einen Teil von ihr befriedigen *konnten*, waren jedoch groß genug, um beträchtliche Investititionen in die Produktionskapazitäten von Eisen und Kohle zu bewirken, und in den 1850er Jahren änderte sich das Bild von Grund auf. In den 1850er Jahren stellen wir folgende Wachstumsraten fest: Eisenbahnen 10 Prozent; Eisenhütten 30 Prozent; Steinkohlenbergwerke 9 Prozent.

In den 1850er Jahren war Preußen ein Nettoausfuhrland von Eisenschienen geworden, so gründlich hatte sich seine gewerbliche Produktion verändert. Diese Transformation spiegelt qualitative Veränderungen wider, läßt sie aber nicht voll und ganz sichtbar werden. Denn es ist wichtig zu ergänzen, daß die größten und modernsten Eisen- und Stahlwerke in den 1860er Jahren Unternehmen waren, die expandierten, weil sie die Nachfrage der Eisenbahnen befriedigten. Ohne die Eisenbahnen hätte der Übergang von der älteren Holzkohlentechnologie auf die wirksameren Methoden des Einschmelzens und der Veredelung mit Steinkohle zweifellos sehr viel länger gebraucht. Diese Unternehmen waren zudem die Vorreiter bei der Übernahme solcher Betriebsformen wie der Aktiengesellschaft, die für sich genommen schon einen wichtigen Schritt vorwärts bedeuteten.

Eisenbahnen mobilisierten Kapital in bisher ungekanntem Ausmaß, weitgehend durch das Bankensystem. Aus diesem Grund kann die Entwicklung der Banken in gewissem Sinn als eine von den Eisenbahnen bewirkte Rückwärtskoppelung betrachtet werden. Die Entwicklung jenes spezifisch deutschen Phänomens, des »gemischten« oder des »Universalbankgeschäfts«, kann zumindest teilweise auf die Erfordernisse der Finanzierung des Eisenbahnbaus zurückgeführt werden.[7] Bei der Gründung der ersten Eisenbahngesellschaften in den 1830er Jahren spielten jedenfalls Privatbankiers eine wichtige Rolle. Sie waren Mitglieder der Emissionskonsortien, zeichneten einen Großteil des Grundkapitals der Aktiengesellschaft sowohl in ihrem eigenen Namen wie auch für ihre Kunden. Sie dienten als Bankiers und als Finanzvermittler der neuen Aktiengesellschaften, versorgten diese mit Betriebskapital, dessen Einsatz sie kontrollierten, indem sie zugleich als Direktoren der Eisenbahngesellschaften tätig waren. Ihre Wahl in solche Vorstandspositionen war wiederum gesichert durch ihre Kontrolle der Stimmrechte von Aktionären, die sie als Bevollmächtigte bei den Aktionärsversammlungen vertraten. Und sie nahmen an Bankkonsortien teil, die gebildet wurden, um den chronischen Kapitalbedarf der Eisenbahngesellschaften zu befriedigen – nicht selten, um eine kurzfristige Schuld bei Bankiers zu konsolidieren – in Form von Aktien, Vorzugsaktien oder Schuldverschreibungen. Kurz, praktisch alle Geschäftsaktivitäten, die als typische Merkmale der deutschen Universalbanken im späten neunzehnten Jahrhundert gelten sollten, wurden zuerst in der Anfangszeit der Eisenbahnära erprobt. Das Hauptmotiv für die Bildung von Aktienbanken, deren Wachstum das der Privatbanken übertreffen würde, waren zu einem gut Teil die Grenzen, auf die Bankiers bei der Finanzierung von Eisenbahnlinien stießen, die von Kapitalgesellschaften betrieben wurden, während sie selbst keinen Zugang zum Instrument der beschränkten Haftung hatten. Schließlich ist es wichtig, sich zu vergegenwärtigen, daß die Techniken, die Banken und Bankiers im Eisenbahngeschäft entwickelten, und die Gewinne, die sie dabei akkumulierten, für die Finanzierung in anderen Branchen wie den Kohlenbergwerken, den Eisen- und Stahlwerken oder dem Schwermaschinenbau verfügbar wurden, als deren Kapitalbedarf das entsprechende Niveau erreicht hatte.

Drittens erzielten Eisenbahnen beinahe von Anfang an große technologische Fortschritte und hohe Produktivitätszuwächse, zum Teil durch Kostensenkungen auf Grund intensiverer Nutzung der hohen Anlageinvestitionen, zum Teil durch technische und organisatorische Verbesserungen (Standardisierung der Ausrüstung, besser abgestimmte Fahrpläne usw.). Der Wettbewerb der Eisenbahnlinien um Kunden und Fracht stellte sicher, daß Kosteneinsparungen in Form von Preissenkungen an die Eisenbahnbenutzer weitergegeben wurden. Interessanterweise setzten die ersten Eisenbahngesellschaften die Preise relativ hoch an; offenkundig nahmen sie an, es gäbe eine unelastische, aber ausreichende Nachfrage für ihre Dienstleistung. Als nun der Wettbewerb die Preise drückte, waren die Gesellschaften überrascht von den steigenden Einnahmen in der Folgezeit – was auf eine relativ hohe Elastizität der Nachfrage hindeutete. Die Kostensenkungen bei den Eisenbahnen schufen gewissermaßen die beobachtete Nachfrage.

Ernst Engels, ein zeitgenössischer Beobachter, verglich den Landfrachtsatz aus der Zeit vor dem Ausbau des Eisenbahnnetzes mit den Frachtsätzen der Eisenbahnen in der Zeit von 1840 bis 1875 und berechnete die Einnahmen, bezogen auf das jeweilige Verkehrsvolumen. Der Unterschied stellte ihm zufolge die durch die Eisenbahn erreichte Kostenersparnis dar: ungefähr 20 Milliarden Mark oder mehr als die gesamten bis zu diesem Zeitpunkt aufgelaufenen Kosten für den Ausbau des Eisenbahnnetzes.[8]

Die Bedeutung dieser Kosteneinsparungen für die Einschätzung der Eisenbahnen als eines Führungssektors liegt jedoch in den *Vorwärtskoppelungen (forward linkages)*, die sie vermutlich in den Branchen bewirkt haben, die Eisenbahnen als Transportmittel nutzten: Investitions- und Produktivitätszuwächse, die ohne sie nicht zustande gekommen wären. Wir können beobachten, daß vielfach der Transport auf dem Schienenweg an die Stelle des Transports zu Wasser oder zu Lande trat, beispielsweise beim Kohlentransport, und wir haben auch einige Belege dafür, daß sich die Verfügbarkeit von

Eisenbahnen *ceteris paribus* auf die Industrieinvestitionen und das Wachstum der städtischen Gewerbe auswirkte. Schließlich macht es die geographische Gestalt Deutschlands – insbesondere das Fehlen größerer Flüsse in der Ost-West-Richtung – schwierig zu glauben, daß ein (hypothetisches) modernisiertes System von Kanälen und Flüssen als Form des interregionalen Transports eine Konkurrenz zu den Eisenbahnen hätte werden können.

Eine Wirtschaft mit chronischem Arbeitskräfteüberschuß?

Die Führungssektorsyndrom-Hypothese erhellt die Durchbruchsphase der deutschen Industrialisierung, aber sie bietet bestenfalls eine Teilinterpretation, denn sie konzentriert sich auf die Motive der Unternehmer, auf Innovationen und Investitionen, und nimmt an, die für deren Realisierung wesentliche Versorgung mit Kapital und Arbeit sei ausreichend gewesen. Da letzteres erklärungsbedürftig ist, soll noch ein anderer entwicklungsökonomischer Theorieansatz als Interpretationshilfe herangezogen werden: die »klassische« »Labour Surplus«-Theorie, wie sie von W. A. Lewis (und vor ihm von Marx) dargelegt worden ist. Ihrer (»dualistischen«) Theorie zufolge strömten die großen Arbeitskräfteüberschüsse aus den »traditionellen« oder rückständigen Teilen der Wirtschaft in den modernen Teil, als Antwort auf die dort gebotenen höheren Löhne. Diese Versorgung des modernen Sektors mit Arbeit war so groß und elastisch, daß die Einstellung von Arbeitskräften und die Ausweitung der Produktion für eine längere Zeit weitergehen konnten, ohne daß die Löhne merklich stiegen. Das Lohnniveau blieb weiter weitgehend vom Subsistenzniveau und dem niedrigen Produktivitätsniveau in der »traditionellen Ökonomie« bestimmt. Da die Produktivität im modernen Sektor sehr viel stärker stieg als die Löhne, wuchs der Gewinnanteil oder das Kapitaleinkommen, aus denen zunehmende Ersparnisse und Reinvestitionen stammten sowie – mit dem darin »verkörperten« technischen Fortschritt – weitere Produktivitätssteigerungen und eine hohe Wachstumsrate.

Die Relevanz der »Labour Surplus«-Theorie beruht auf zwei oder vielleicht drei miteinander verbundenen Gruppen von Fakten. Erstens hat die historische Literatur eindeutig die Existenz eines »Bevölkerungsdrucks« und von Unterbeschäftigung als ein chronisches und weitverbreitetes Problem in Deutschland von Anfang des neunzehnten Jahrhunderts bis weit in das letzte Drittel des Jahrhunderts nachgewiesen. Das Bevölkerungswachstum scheint weitgehend das der armen und eigentumslosen Unterschichten gewesen zu sein und somit eine Zunahme des Arbeitskräftepotentials hervorgebracht zu haben, welche die Zahl der geschaffenen Arbeitsplätze weit übertraf. Die Wanderung zu den Zentren industriellen Wachstums verkleinerte die Lücke, konnte sie aber nicht völlig eliminieren. Eine wesentliche Antwort auf diese Situation war die Auswanderung nach Übersee. Die rund zwei Millionen Menschen, die Deutschland zwischen 1840 und 1880 verließen, verminderten den Überschuß beträchtlich (um vielleicht ein Viertel). Für denselben Zeitraum hat die historische Literatur einen massiven Zusammenbruch der ländlichen Gewerbe festgestellt, der zwischen 1840 und 1875 ungefähr 400 000 Menschen betraf. Dieser Arbeitskräfteüberschuß war nicht so sehr demographisch als vielmehr technologisch bedingt: Ausländische und einheimische Fabrikerzeugnisse untergruben die Heimgewerbe auf dem Lande und zwangen die darin tätigen Arbeitskräfte, andere Beschäftigung zu suchen (für die Textilgewerbe läßt sich ein direkter Wechsel in die Fabrikarbeit beobachten).

Außerdem gibt es so etwas wie einen Konsens darüber, daß die aggregierten Reallöhne in Deutschland lange Zeit im neunzehnten Jahrhundert nur geringfügig stiegen; sie schwankten zwar im Zusammenhang mit den Lebenshaltungskosten stark, aber bis zu den 1880er Jahren ohne Aufwärtstrend. Während des hier behandelten Zeitraums – von den 1840er bis zu den 1870er Jahren – sind die Reallöhne vielleicht um etwa ein Drittel eines Prozentpunktes gestiegen, während das Nettoinlandsprodukt pro Kopf schätzungsweise um mindestens ein Prozent pro Jahr zunahm. Dies entspricht dem »Labour Surplus«-Modell, denn es reflektiert die Tatsache, daß der Druck auf die Löhne zu einer Zunahme des Kapitalanteils am Einkommen führte. Da Kapitaleinkommen einen überdurchschnittlich hohen Anteil an den Ersparnissen einer Marktwirtschaft erbringen, könnte dies helfen, den geschätzten Zuwachs der Investitionsrate in diesem Zeitraum zu erklären.

Die festgestellte Einkommensumverteilung zeigt sich an Zahlen über das persönliche Einkommen, die für Preußen im neunzehnten Jahrhundert gesammelt und geschätzt worden sind. Festzustellen ist eine deutliche Zunahme der Ungleichheit der Einkommensverteilung in diesem Zeitraum; der Trend zu größerer Ungleichheit ist ganz klar dem wachsenden Anteil hoher Einkommen zuzuschreiben, genau jener Einkommen, deren Größe beträchtlich durch Kapitaleinkommen beeinflußt wurde. Diese vermögenden Haushalte – vielleicht 5 Prozent der Bevölkerung – verfügten über den Löwenanteil der gesamtwirtschaftlichen Ersparnisse, wie die Zahlen über Aktienzeichner, Inhaber von Sparguthaben, Besitzer von Pfandbriefen usw. zeigen. Viele von ihnen waren Unternehmer, und für diese könnte ihr wachsender Einkommensanteil eine unmittelbare Folge des Lohndrucks durch Arbeitskräfteüberschuß gewesen sein. Da die meisten unternehmerischen Investitionen aus Gewinnen finanziert wurden, wäre auch der Wachstumsmechanismus ein unmittelbarer gewesen. Angesichts der raschen Entwicklung des Banksystems in diesem Zeitraum war jedoch eine solche direkte Verbindung zwischen wachsenden Ersparnissen und Investitionen nicht unbedingt notwendig, um die Investitionen steigen zu lassen. Das heißt, die positiven Auswirkungen des Arbeitskräfteüberschusses auf das Wachstum waren nicht notwendig auf die unmittelbar zu erzielenden Vorteile auf dem Arbeitsmarkt beschränkt.

Die vorausgehende Überlegung wirft jedoch ein Problem für die Interpretation der deutschen Industrialisierung auf. Die historische Literatur weist nachdrücklich darauf hin, daß eine Reihe wichtiger deutscher Industriezweige in dieser Zeit beträchtliche Schwierigkeiten hatte, qualifizierte Facharbeiter zu finden, besonders dort, wo die grundlegende Technologie neu (oder importiert) war wie beispielsweise in der Stahlerzeugung oder im Maschinenbau. Die Facharbeiterlöhne waren tendenziell relativ hoch im Verhältnis zu den Löhnen für ungelernte Arbeiter, und angeworbene Facharbeiter kamen häufig aus entfernten Gegenden. In solchen Branchen lag das Hauptproblem für den Unternehmer darin, die neuen Fertigungstechniken zu beherrschen und im Zusammenhang damit den Facharbeitern die nötige Ausbildung zu vermitteln, und nicht so sehr in ausreichender Kapitalversorgung, verbunden mit einem vorteilhaften Aushandeln der Löhne. Ein Teil des Erfolgs der deutschen Industrie in diesem Zeitraum, absolut gesehen und im Verhältnis zu anderen Ländern, war das Ergebnis einer effizienten technischen Ausbildung und einer Akkumulation von Humankapital, das sowohl *on the job* als auch in speziell dafür geschaffenen Werkstätten geschult und ausgebildet wurde. Billige Arbeitskräfte waren zweifellos ein Vorteil, aber hochqualifizierte Facharbeiter mögen ebenso charakteristisch für Deutschlands erfolgreichen industriellen Durchbruch gewesen sein.

Weiter gehende Industrialisierung und der »Industriestaat«
(1870–1914)

Bisher wurde deutlich, daß im Gegensatz zu einer häufig geäußerten Meinung die deutsche Industrialisierung am Ende der 1860er Jahre sehr wohl bereits im Gang und keineswegs ein Produkt der Zeit nach der Reichsgründung war. Das Industriewachstum ging mit ungefähr derselben Geschwindigkeit wie in der vorangegangenen Periode weiter und folgte in etwa dem gleichen zyklischen Muster. Zweifellos hatte der ungeheure Boom von 1863–1873 (der der Reichsgründung in den 1870er Jahren voran- und nach der Unterbrechung durch den Krieg weiterging) und die ihm folgende Krise und Depression besondere Züge; aber dies könnte man letztlich auch von den früheren Booms und Krisen der 1840er und 1850er Jahre sagen. Dennoch kam es nach 1870 zu bedeutenden Veränderungen, und diese letzte Periode verdient besondere Beachtung. Nicht alle wichtigen Veränderungen können behandelt werden. Im folgenden werden drei Themen erörtert: die industrielle Organisation und die Banken; die Wirtschaftsbeziehungen und insbesondere der Protektionismus; und die Urbanisierung und die »soziale Frage«.

Großunternehmen und Kartelle

Das Entstehen von Großunternehmen als bestimmendes Merkmal in wichtigen Bereichen der Volkswirtschaft war eines der bemerkenswertesten Ergebnisse dieser Periode. In Branchen wie dem Steinkohlenbergbau oder der Stahlerzeugung, dem Maschinenbau oder der chemischen Industrie wichen die Familienfirmen zunehmend Unternehmen, die als Aktiengesellschaften (bzw. als Kommanditgesellschaften oder GmbHs) organisiert waren. In den Jahren 1887 und 1907 waren vier Fünftel der hundert größten Industrieunternehmen Aktiengesellschaften, und 1907 waren ungefähr 65 Prozent des gesamten Kapitals in den Händen von Aktiengesellschaften. Auch wenn die Familie wie in den berühmten Unternehmen Krupp und Siemens weiterhin im Geschäft blieb, ging ihr Einfluß doch zurück, und die wichtige Unterscheidung zwischen Besitz und Kontrolle wurde klarer. Festzuhalten ist, daß dieses Phänomen auf einige wenige Wirtschaftszweige beschränkt war: Der größte Teil des industriellen Aktienkapitals befand sich in den vier erwähnten Branchen, und Unternehmen mit mindestens fünfzig Beschäftigten hatten 1907 einen Anteil von 70 Prozent aller Branchenbeschäftigten, verglichen mit nur 45 Prozent für die gesamte Industrie. Das waren allerdings wirklich wichtige Branchen, welche die modernsten Technologien repräsentierten, mit einem Anteil an der volkswirtschaftlichen Wertschöpfung von fast 20 Prozent, Branchen, die rasch wuchsen und ungewöhnlich erfolgreich auf Exportmärkten waren. Ihr Erfolg, absolut gesehen und im Verhältnis zu anderen Ländern, wirft eine Reihe wichtiger und häufig diskutierter Fragen auf.

Allein die riesige Größe dieser Unternehmen veränderte bereits den Charakter der Beziehungen zwischen den Firmen. Konzentration, Oligopole und Absprachen über die Aufteilung des Marktes traten an die Stelle des Wettbewerbs zwischen einer Vielzahl von Firmen. Im Ruhrkohlenbergbau beispielsweise sank die Zahl unabhängiger Unternehmen zwischen 1887 und 1913 von 100 auf 57, und der Marktanteil der zehn größten Produzenten wuchs von 24 auf 53 Prozent. In der Eisenindustrie war Konzentration in dieser Periode weniger ausgeprägt mit einer entsprechenden Verringerung von 134 auf 102 Produzenten und einem Zuwachs des Anteils der fünf größten Produzenten von 21 auf 30 Prozent. In der elektrotechnischen Industrie dagegen war die Konzentration noch extremer, zumindest für die wichtigsten Erzeugnisse, für die AEG und Siemens sich mehr als die Hälfte des deutschen Markts teilten.

Konzentration beeinträchtigte den Wettbewerb, indem sie Marktabsprachen und insbesondere Kartellbildung erleichterte. Letztere erwies sich als leichter auszuhandeln, wenn die Zahl der Beteiligten klein war. So folgte die Gründung des bekannten Rheinisch-Westfälischen Kohlensyndikats im Jahre 1893 auf eine Konzentrationswelle. Kartelle entstanden und verbreiteten sich in den 1890er Jahren, unterstützt durch ein Urteil des obersten Gerichts von 1897, das den rechtskonformen und bindenden Charakter derartiger Verträge bestätigte. Nach einer zeitgenössischen Schätzung waren 1907 ungefähr 25 Prozent der Industrieproduktion so geregelt. Interessengemeinschaften (IG) bildeten eine alternative Form der Zusammenarbeit, die dort favorisiert wurde, wo eine kleine Zahl von Großunternehmen dominierte. Die bekannteste war die IG Farben, die durch Kapitalverflechtung und Marktabsprachen 1906 die drei größten deutschen Farbwerke miteinander verband, aber die Institution der IG wurde auch im Bankwesen typisch als eine verhüllte Form der Fusion und Konzentration.

Der Hauptgrund dafür, sich auf diesen Aspekt der deutschen industriellen Großunternehmen zu konzentrieren, liegt darin, daß ihre Rolle in der weiter gehenden Industrialisierung des Landes strittig bleibt. Auf der einen Seite begünstigten die potentiell stärksten Wettbewerbsbeschränkungen anscheinend Großunternehmen und kapitalintensive Branchen auf Kosten der kleineren und arbeitsintensiveren. Stark vereinfachend könnte man dies als eine Einkommensumverteilung vom Faktor Arbeit zum Kapital, von Gruppen mit niedrigen Einkommen zu den Vermögenden bezeichnen. Auf der anderen Seite könnten diese Beschränkungen – und selbst die eben erwähnten Transfers – zu Investitionen ermutigt und den technischen Fortschritt und Produktivitätszuwachs beschleunigt haben in Branchen wie der Stahlerzeugung, wo beispielsweise Kartelle die vertikale Integration mit der Roheisenverhüttung und dem Steinkohlenbergbau gefördert haben. Ein vollständige Analyse der Kartelleffekte erfordert freilich auch die zusammenhängende Erörterung der Zollpolitik, auf die wir weiter unten zurückkommen werden.

Die Rolle der Banken

Wirtschaftshistoriker haben häufig versucht, den Erfolg der deutschen Industriegroßunternehmen in diesem Zeitraum durch die Entwicklung der Großbanken zu erklären. In dieser Periode verdrängten die großen Aktienbanken die Privatbankiers als industrielle Kapitalgeber völlig. Wie gesagt, ahmten diese Großbanken in ihrem operativen Vorgehen zu-

meist die Privatbankiers nach, einschließlich der engen und
dauerhaften Natur ihrer Beziehungen zu Kunden aus der Industrie und auch einschließlich der »gemischten« oder »uni-
versellen« Orientierung ihres Geschäfts, sie kombinierten
also das kurzfristige Kredit- und Depositengeschäft mit der
Tätigkeit als Investitions- und Industriebank. Die Risiken
des »gemischten Bankgeschäfts« führten die Banken dazu,
eine relativ hohe Ausstattung mit Eigenkapital beizubehal-
ten. So waren 1913 die drei größten deutschen Unternehmen
und siebzehn der fünfundzwanzig größten Unternehmen Aktienbanken. Dies gab den deutschen Banken zusammen mit
ihren anderen Merkmalen einen Platz in der Wirtschaft, der
verglichen mit anderen Industrieländern in dieser Zeit ein-
zigartig war.

An der Spitze zu stehen heißt jedoch nicht, die Ursache zu
sein: Viele Wirtschaftshistoriker haben der Behauptung wider-
sprochen, die Großbanken hätten den Erfolg des deutschen
Industrialisierungsprozesses erst möglich gemacht. Abgese-
hen von einigen ökonometrischen Bemühungen[9], wurde der
»Beweis« weitgehend gestützt auf die theoretische Plausibili-
tät eines positiven Zusammenhangs zwischen Unternehmens-
wachstum und Investitionen in risikoreichen Innovationen
auf der einen und engen Verbindungen zu den Großbanken
auf der anderen Seite; und außerdem auf die Anhäufung von
einzelnen Fällen, in denen Banken Industrieunternehmen
halfen oder sie drängten, sich in bestimmte Richtungen zu
entwickeln. Ein Beispiel dafür liefert das Schienenkartell
der westdeutschen Stahlwerke, das 1876 weitgehend auf Drän-
gen der mächtigen Berliner Disconto-Gesellschaft gebildet
wurde; die Bank war so in der Lage – zumindest für eine gewisse Zeit –, das Niederkonkurrieren von Rivalen zwischen
ihren Schuldnern zu begrenzen. Ein anderes oft zitiertes
Beispiel betont die Unterstützung der Banken für die elektrotechnische Industrie seit den 1880er Jahren: Anfangs ermöglichten sie der aufstrebenden AEG, Siemens herauszufor-
dern, und halfen dann, nach einem Seitenwechsel der Deutschen Bank, Siemens dabei, seine Führungsposition wieder-

zuerobern und aufrechtzuerhalten. Dieses Beispiel zeigt nicht nur, daß Banken eine unternehmerische Rolle in diesem Industriezweig spielten, sondern auch, daß ihre Interessen begleitet waren von einer breiten Mobilisierung von Kapital zur Unterstützung ihrer Expansion – in scharfem Gegensatz zur Haltung britischer Banken und anderer Finanziers zur britischen elektrotechnischen Industrie. Und dann gibt es noch das berühmte Beispiel der Unterstützung des Stahl- und Röhrenproduzenten Mannesmann in den 1890er Jahren, ein Beispiel, das veranschaulicht, wie lange die Banken in der Lage und willens waren, ihre Unterstützung fortzusetzen und zu warten, bevor sich ein finanzieller Rückfluß einstellte.

Bevor wir dieses Thema abschließen, soll das Augenmerk des Lesers noch auf eine weitere beherrschende Einfluß- nahme der Banken auf die Großindustrie gerichtet werden: Durch ihren großen Einfluß auf den organisierten Effekten- märkten in Berlin, Frankfurt und anderswo waren die Ban- ken gut plaziert, um ihre Industriekunden zu beraten, wie und wann sie ihre Expansionspläne finanzieren sollten, einschließlich der Pläne zur Übernahme von und Fusion mit anderen Gesellschaften. Nur wenige bedeutende Firmenzu- sammenschlüsse in dieser Zeit fanden ohne Vermittlung von Banken statt, und eine ganze Reihe waren unmittelbare Folge von Bankinitiativen. Fusionen und externes Wachstum wa- ren ein sehr wichtiger Teil der Geschichte der deutschen In- dustrialisierung in dieser Periode; die Banken spielten dabei eine wesentliche Rolle.

Protektionismus im »Industriestaat«

Die wirtschaftliche Depression der 1870er Jahre beendete eine jahrzehntelange Phase von steigenden Agrarpreisen und Wohlstand in Deutschland. Ein politischer Wechsel vom Freihandel zum Protektionismus begleitete bekanntlich die- sen Wandel. Bismarck, der Einkünfte für die Reichsregierung

brauchte, bot den industriellen und agrarischen Interessen-
organisationen Schutz vor ausländischer Konkurrenz gegen
»Finanzzölle« an. Die ursprünglich bescheidenen Zölle des
Zollgesetzes von 1879 stiegen in den 1880er Jahren beträchtlich an, nicht nur für Getreide, sondern auch für Fleisch und
Lebensmitteleinfuhren; letztere genossen sogar noch stärkere
Protektion nicht durch Schutzzölle, sondern durch nicht-
tarifäre Handelshemmnisse wie hygienische Vorschriften bei
Tier- und Fleischimporten. Bismarcks Entlassung im Jahr
1890 markierte die Intensivierung der Debatte in Deutschland über die politischen Prioritäten – »Agrarstaat« gegen
»Industriestaat« – und das Pro und Contra der fortschreiten-
den Industrialisierung. Die Debatte ging in Wirklichkeit
über die Frage des Protektionismus hinaus, auf die wir uns
hier beschränken.[10]

Drei Auswirkungen des deutschen Protektionismus verdienen eine genauere Betrachtung. Erstens: obgleich die
deutsche Industrialisierung offenkundig während des Be-
trachtungszeitraums weiterging (und sich sogar zwischen
den 1890er Jahren und dem Ersten Weltkrieg beschleunigte),
war der Agrarprotektionismus keineswegs unbedeutend und
verlangsamte mit ziemlicher Sicherheit die Industrialisierung (im Vergleich zu dem, was unter Freihandelsbedingun-
gen möglich gewesen wäre). Das ökonomische Gewicht der
Abgaben allein für Roggen und Weizen ist für das Jahrzehnt
von 1900 bis 1910 auf ungefähr 1 Prozent des jährlichen Nettosozialprodukts geschätzt worden.[11] Die Preise und Einkommen, die Besitzer der Produktionsfaktoren Boden, Arbeit
und Kapital im Agrarbereich realisieren konnten, waren
höher, als sie ohne Zollschutz gewesen wären, und dies
bremste die Bewegung dieser Produktionsfaktoren aus der
Landwirtschaft hinaus. Anzunehmen ist außerdem, daß Zoll-
senkungen besonders den international wettbewerbsfähigen
deutschen Industrien genutzt und Ausfuhren gesteigert hätten. Der Protektionismus drosselte mithin auch diesen indu-
striefördernden Mechanismus. Zweitens: auch die industrielle Protektion war keineswegs unbedeutend. Zölle auf viele

Eisen- und Stahlerzeugnisse beispielsweise erwiesen sich in den 1880er Jahren als überflüssig, da deutsche Firmen recht kostengünstige Produzenten wurden, aber die Kartelle, die in diesen Branchen aufgekommen waren, verdankten ihre Effizienz der Existenz von Schutzzöllen, die ausländische Produzenten aus kartellisierten einheimischen Märkten fernhielten. Auf lange Sicht, so wird angenommen, erlaubte dieses Verbundsystem Exporte zu »Dumpingpreisen« in Freihandelsländer ohne Furcht vor Vergeltungsmaßnahmen, und die Stabilisierung der Unternehmenseinkommen im Konjunkturzyklus, wodurch sehr wohl eine größere Investitionstätigkeit, mehr Innovationen und höhere Produktivitätssteigerungen angeregt worden sein mögen, als sonst erreicht worden wären. Da Protektion und Kartelle in den schwerindustriellen Branchen der Eisen- und Stahlindustrie stärker waren, wurde das Wachstum dieser Subsektoren auf Kosten der anderen gefördert. Angesichts des zeitgenössischen technologischen Standes in Deutschland vermutet man, das industrielle Wachstum sei im ganzen gesehen höher gewesen, als es unter den Bedingungen eines anderen Zollsystems gewesen wäre – aber das ist nur eine Vermutung. Drittens: der Protektionismus hatte, wie gerade angedeutet, deutliche Implikationen für die Verteilung. Die Hauptnutznießer waren die großen Gutsbesitzer und die Besitzer der größeren Unternehmen in der Stahl-, chemischen und elektrotechnischen Industrie. Kurz, Protektionismus nützte kapitalintensiven Branchen und Sektoren. Er trug somit zu einem Wachstum des Anteils von Besitzeinkommen am Nationaleinkommen bei. Da Besitzeinkommen sehr viel ungleicher verteilt war (und ist) als Arbeitseinkommen, trug dies zu einer allgemeinen Zunahme der ökonomischen Ungleichheit im Land bei. Interessanterweise kam jedoch etwa zu diesem Zeitpunkt der langfristige Trend zur wachsenden Ungleichheit in Deutschland zu einem Ende und kehrte sich um. Das bedeutet, daß andere ökonomische und soziale Kräfte am Werk gewesen sein müssen, um die Auswirkungen des Protektionismus auszugleichen.

Die Urbanisierung und die »soziale Frage« sind ein gemeinsames Produkt der deutschen Industrialisierung und eine ihrer bedeutsamsten gesellschaftlichen Folgen. Sie standen im Zentrum der oft zitierten Debatte über den »Industriestaat«. Die zugrundeliegende Theorie ist einfach genug: die Industrialisierung brachte Agglomerationsökonomien hervor, die eine städtische Bevölkerungskonzentration »rational« werden ließ. Diese weitgehend von Arbeitern gebildete Bevölkerung wuchs sehr rasch, schuf Probleme der sozialen Wohlfahrt (des öffentlichen Gesundheitswesens, der Erziehung, von Recht und Ordnung) und soziale Konflikte, insbesondere zwischen »Arbeit« und »Kapital«. Die »soziale Frage« drehte sich mithin weitgehend darum, wieweit unterschiedliche ökonomische und soziale Interessen und Bestrebungen – die sich am dramatischsten in Deutschlands rasch wachsenden Städten zeigten – in Einklang gebracht werden konnten. Dies wiederum hing von drei schwierigen Fragen ab: der Frage des *objektiven* Lebensstandards der Bevölkerung und seiner Verteilung; der Frage der Haltung der vermögenden und mächtigen Führungseliten und Oberschichten zu den gesellschaftlichen Unterschichten (insbesondere ihrer Einschätzung der Notwendigkeit von integrierenden, die Lage der Unterschichten verbessernden Maßnahmen) und schließlich von der Frage der Haltung der Unterschichten selbst, insbesondere ihrer Reaktion auf Veränderungen des Lebensstandards und politische Maßnahmen, die ihren Status als gesellschaftliche Gruppe betrafen. Diese drei Fragen werden zum Abschluß dieses Kapitels behandelt.

Zuerst jedoch ein Wort zur Geschwindigkeit der deutschen Urbanisierung. Tabelle 1 zeigt die Beschleunigung seit 1870. Zwischen 1871 und 1910 lag die jährliche Wachstumsrate für Städte mit 20000 Einwohnern bei 4,2 Prozent, für Großstädte (mit mindestens 100000 Einwohnern) bei über 5 Prozent. Sie war damit fast dreimal so hoch wie das natürliche Bevölkerungswachstum in diesem Zeitraum und läßt sich

Tabelle 1

Jährliche Zuwachsraten der Bevölkerung in preußischen Städten, 1819–1910 (in %)

Jahr	Bevölkerung[a] (in Tausend)	Zuwachsrate[b]	Jährliche Zuwachsrate[b]
1819	637		
1834	838	32	1,8
1837	875	4	1,3
1843	1 114	27	4,0
1849	1 319	18	2,7
1852	1 423	8	2,6
1861	1 866	31	3,1
1871	2 712	45	3,9
1880	4 610	70	6,1
1890	7 189	56	4,6
1895	8 091	13	2,3
1900	10 480	30	5,1
1910	14 941	43	3,7

a   Städte mit mindestens 20 000 Einwohnern
b   Gegenüber den jeweils zeitlich vorausgehenden Jahresangaben

Quelle: eigene Berechnungen

nur durch beträchtliche Wanderungsgewinne erklären. Bei den größten Städten machte die Nettowanderung tatsächlich mehr als die Hälfte ihres Wachstums aus (siehe Tabelle 2).

Der Verweis auf Zuwanderung in die Städte führt zur Diskussion des Lebensstandards der Bevölkerung – eine der drei erwähnten zentralen Fragen. Denn es kann keinen Zweifel an den für diesen Zeitraum wesentlichen Tatsachen geben: daß die aggregierten Reallöhne – unvollständig korrigiert aufgrund von Veränderungen in der Beschäftigungsstruktur – beträchtlich stiegen; und daß eine Kluft im Realeinkommen zwischen Stadt und Land, die in Boomzeiten rasch tiefer wurde und mit den Wanderungswellen gut korrelierte, während dieses Zeitraums bestehenblieb, obwohl sie seit der Jahrhundertwende kleiner wurde. Reallohnindikatoren sind wahrscheinlich zu niedrig liegende Schätzungen für den steigenden Lebensstandard, dessen Aufwärtstrend zudem von alternativen Indikatoren bestätigt wird. Es gibt Belege für eine deutliche Verbesserung der Wohnqualität (gemessen an der Zahl des für eine Person zur Verfügung stehenden Wohnraums, der Verteilung der verschiedenen qualitativen Merkmale oder des Anteils der Wohnungen bescheidenster Qualität am gesamten Wohnungsbestand). Auch die Kinder- und Säuglingssterblichkeit ging zurück, in städtischen Regionen stärker als insgesamt, und es gibt keinen Zweifel daran, daß dies mit der Verbesserung der Ernährung zusammenhing.

Dabei müssen allerdings die Verteilungsunterschiede in Betracht gezogen werden. Ein näherer Blick auf die Einkommen zeigt, daß der Anteil von Haushalten mit hohen Einkommen in diesem Zeitraum wuchs, und eng damit verbunden der Anteil von Besitzeinkommen. All dies fand vor 1900 statt; in der Folgezeit blieben die Anteile konstant oder sanken leicht. Die größte Kluft in der Verteilungspyramide klaffte zwischen den vermögenden Empfängern von Besitzeinkommen und den oberen »Mittelschichten«. Zwischen dem »Mittelstand« und den Arbeiterhaushalten verringerten sich in diesem Zeitraum wahrscheinlich die Unterschiede. Die Wohnungsverhältnisse bestätigen ungefähr dieses gerade skiz-

Tabelle 2

Bevölkerungswachstum und Wanderungsgewinne in preußischen Städten, 1875–1905

Städtetyp	Bevölkerungs-zuwachsrate (1875 = 100)	Anteil der Nettowanderungs-gewinne (in %)	Bevölkerungs-zuwachs (in 1000)
Handel und andere Dienstleistungen	264	73	1410
Verwaltung und Militär	210	70	280
Universität und Rentiers	208	73	229
Schwerindustrie	373	59	519
Textilindustrie	185	25	274
Andere Industrie	327	59	784
Diversifizierte Industrie	225	60	1346
Berlin	211	67	1073
Insgesamt	240	64	5915

Quelle: D. Laux, »The components of population growth in Prussian cities, 1875–1905, and their influence on urban population structure«, in: Richard Lawton und Robert Lee (Hg.), Urban Population Development in Western Europe from the Late-Eighteenth to the Early-Twentieth Century, Liverpool 1989.

zierte Bild der Verteilung. Die größten, am leichtesten ausmachbaren Unterschiede bestanden zwischen den vornehmen Wohngegenden und den übrigen Vierteln. Sichtbar unterschieden von den Nachbarschaften der Mittelschichten waren die Arbeiterviertel, aber in der Wohnungsfrage kam es auch zu Unterschieden zwischen Handwerkern und Facharbeitern auf der einen und ungelernten Arbeitern und Tagelöhnern auf der anderen Seite. Kurz, die Veränderungen des materiellen Wohlstands gingen nicht automatisch in die Richtung einer Intensivierung der »sozialen Frage« im Sinne einer Zwei-Klassen-Polarisierung.

Dennoch war die deutsche Arbeiterbewegung – die Gewerkschaften und die Sozialdemokratische Partei – zweifellos der Kern dessen, was Zeitgenossen aus den Mittel- und Oberschichten meinten, wenn sie von der »sozialen Frage« sprachen. Die Arbeiterbewegung selbst war ein großstädtisches Phänomen, gefördert durch die räumliche Segregation der Wohngegenden und die soziale Solidarität in den Arbeitervierteln. Ihre Reihen wurden nicht von den Ärmsten gefüllt, sondern weitgehend von Facharbeitern und Handwerkern, die auch die Haupttriebkräfte der Proteste und Streikaktivitäten in diesem Zeitraum waren. Vielleicht trug der steigende Lebensstandard – einschließlich zunehmender Freizeit – dazu bei, daß sie in der Lage waren, sich zu organisieren und den gesellschaftlichen und politischen Status quo in Frage zu stellen. Im nachhinein gesehen ist allerdings klar, daß es trotz beträchtlicher Verbesserungen seit den 1870er Jahren für die Arbeiterorganisationen viele Gründe zum Aufbegehren gab – die ständige Drohung, für illegal erklärt zu werden, das Dreiklassenwahlrecht auf nationaler und kommunaler Ebene sowie das immer wiederkehrende Risiko von Arbeitslosigkeit und Krankheit, trotz des Aufkommens der Sozialversicherung.

Dies bringt uns zu unserem letzten Punkt. Die Oberschichten antworteten auf die »soziale Frage«, indem sie die Kräfte des Staates mobilisierten – in der klassischen Manier von Zuckerbrot und Peitsche. Bismarcks Sozialistengesetz

(1878) und Sozialversicherungsmaßnahmen sind wohlbekannte Beispiele. Doch darin erschöpfte sich die Behandlung dieser Frage nicht, weder auf der lokalen noch auf der nationalen Ebene. Die »Antwort« auf sie war nämlich nicht eine Frage der Wahrnehmung des Problems durch homogene Oberschichten, sondern eine Frage des Aushandelns zwischen Fraktionen der Oberschichten samt der damit zusammenhängenden Gewichtung alternativer politischer Maßnahmepakete. Nur zwei Aspekte dieses komplexen Problems können hier erwähnt werden, und dies nur zur Veranschaulichung. Der eine betrifft die Debatte über die Wohnungspolitik zwischen Sozialreformern, die die Notwendigkeit einer Intervention der Regierung betonten, um abzumildern, was sie als die negativen Auswirkungen des Marktes auf die Lebensbedingungen der Arbeiter ansahen, und den Anhängern des Wirtschaftsliberalismus, deren Position im wesentlichen negativ war: Sie warnten vor den hohen Kosten von Umverteilungsaktionen. Während beispielsweise die Sozialreformer die übertrieben hohen Mieten für Arbeiterwohnungen kritisierten und die Notwendigkeit betonten, sie zu subventionieren und die freie Preisbildung auf dem Markt (die sie als eine Hauptursache für hohe Mieten ansahen) für städtische Grundstücke aufzuheben, sahen die »Liberalen« hohe Mieten als Funktion übertriebener Nachfrage auf Grund der Zuwanderung in die Städte an, und Preiskontrollen und Subventionen als Instrumente, die nur weitere übertriebene Nachfrage nähren, das kapitalistische Vermögen belasten und den freiwilligen Kapitalfluß in den städtischen Wohnungsbau verlangsamen würden. In diesem wichtigen Politikbereich herrschte die liberale Politik des freien Marktes vor: Das Eingreifen der Regierung blieb weitgehend darauf beschränkt, einen grundlegenden rechtlichen Rahmen zu fixieren – obligatorische Feuerversicherung, Grundbucheintragung, Raumordnungsgesetze, rechtliche Regelungen für die Hypothekenbanken usw. Die Wohnungszuweisung blieb bis zum Ersten Weltkrieg weitgehend ein Ergebnis des Marktes. Warum? Zwei Gründe ergeben sich von selbst. Erstens funktionierte der

Markt recht gut. Die säkulare Verbesserung der Wohnungs-
bedingungen war genügend breit, um Kritik auf eine Minder-
heit zu beschränken. Zweitens allerdings stellte die praktische
Omnipräsenz der Hausbesitzer in den politischen Entschei-
dungsgremien, von der Spitze des Reichs bis zu den Stadträten, sicher, daß ihre Ansichten Gehör fanden.

Ein zweiter Aspekt der Antwort der Oberschichten, der
hier Beachtung verdient, ist die Rolle der Kommunalregie-
rung und -verwaltung. Bereits in den 1850er und 1860er Jahren, aber noch stärker in den 1870er Jahren, schuf das rasche
Wachstum, großteils durch Zuwanderung, eine starke Nachfrage nach öffentlichen Dienstleistungen – mehr und bessere
Straßen, Wasserwerke, sanitäre Einrichtungen und Schulen,
um nur einige zu nennen –, bei deren Befriedigung man sich
nicht auf den Markt verlassen konnte. Unter den herrschenden Wahlgesetzen und gesetzlichen Regelungen für die Kom-
munalverwaltung waren die Entscheidungsträger weitgehend
beschränkt auf die Besitzenden, vermögende Geschäftsleute
und Freiberufler, die zu den Mittelschichten gehörten, sowie
eine wachsende Gruppe von Berufsbeamten, die die exekutive Gewalt ausübten. Während dieses Zeitraums wurden die
meisten kommunalen Steuern von den Vermögenden gezahlt,
obgleich der Nutzen, der über kommunale Ausgaben gestiftet
wurde, sich breit verteilte. Sicherlich begannen städtische Unternehmen, für zusätzliche Einnahmen zu sorgen, indem sie
Dienstleistungen gebührenpflichtig machten; aber die Bereitschaft und die Fähigkeit der Stadtverwaltungen, ihrer weitgehend von Arbeitern gebildeten Bevölkerung ein breiter
werdendes Spektrum von Dienstleistungen anzubieten, ist
ein eindrucksvolles Merkmal jener Zeit. Städtische Ausgaben allein für Zwecke des öffentlichen Konsums stiegen
1870–1913 um 5,6 Prozent jährlich und erreichten 1913 etwa 6
Prozent des geschätzten Nettosozialprodukts. Die gesamten
Pro-Kopf-Ausgaben (einschließlich der Investitionen) stiegen in diesem Zeitraum jährlich um 3–4 Prozent – sehr viel
stärker als das Pro-Kopf-Sozialprodukt. Für diese bemer-
kenswerte Ausweitung lassen sich zwei Erklärungen anfüh-

ren: Sie kann zum einen Teil als Investition der besitzenden Schichten in gesellschaftliche Stabilität und sozialen Frieden gedeutet werden. Seit 1890 wurden die Sozialdemokraten in der Politik in den Großstädten zunehmend sichtbar, und in der Zentrumspartei hatten Arbeiterinteressen einen zusätzlichen, alternativen Konzentrationspunkt politischer Repräsentation auf der lokalen Ebene. Zu dieser Zeit strebten die Oberschichten – Bankiers, Industrielle, Manager, Kapitalisten – nach Zusammenarbeit und Arrangements mit den Mittelschichten und waren stärker an sozialpolitischen Maßnahmen interessiert, die dabei helfen konnten, die Arbeiter in die städtische Gesellschaft zu integrieren und den Einfluß der Sozialdemokraten zu schwächen. In der rheinischen Industriestadt Krefeld beispielsweise schuf die Industriellenelite, die die Stadt regierte, 1893 ausdrücklich zu diesem könnte die Expansion ein Ergebnis der wachsenden Bedeutung der Kommunalregierungen und -verwaltungen sein. Die Magistrate wurden für lange Zeit gewählt, behandelten technische Fragen, die oft weit über lokale Interessen hinausgingen und deren Komplexität ihnen beträchtliche Autonomie gegenüber den Stadträten gaben. Zudem waren sie gewissermaßen Vertreter des Staates in den Kommunen und versuchten oft, Ziele zu erreichen, die das Interesse das gesamten Kommune widerspiegelten, nicht nur die Interessen der lokalen Eliten. Viele der von den Stadtregierungen in diesem Zeitraum ergriffenen Maßnahmen wie die Eingemeindung benachbarter Kleinstädte, die Umwandlung privater in städtische Dienste usw. waren deshalb eher ein Ausfluß der unabhängigen Macht der städtischen Exekutive. Dies war mit Sicherheit eines der spezifischen Kennzeichen des deutschen »Industriestaats«.

Anmerkungen

1 David Landes, *The Unbound Prometheus*, Cambridge 1969, dt. Übers. *Der entfesselte Prometheus*, Köln 1973.

2 W. W. Rostow, *The Stages of Economic Growth*, dt. Übers. *Die Stadien wirtschaftlichen Wachstums*, Göttingen 1951. Eine ausführlichere Diskussion findet sich in R. Tilly, »German Industrialization and Gerschenkronian Backwardness«, in: *Rivista di Storia Economica* 6 (1989), S. 139–164. Eine ausführlichere Version dieses Essays, in der die Periodisierung und andere Fragen der deutschen Industrialisierung erörtert werden, ist als Taschenbuch erhältlich: R. Tilly, *Vom Zollverein zum Industriestaat*, München 1990.

3 Die eindringlichste Analyse dieser gesamten Frühzeit des Zollvereins stammt von Rolf Dumke, »Der deutsche Zollverein als Modell ökonomischer Integration«, in: Helmut Berding (Hg.), *Wirtschaftliche und politische Integration in Europa im 19. und 20. Jahrhundert*, Göttingen 1984, S. 72–101. Siehe auch H.-W. Hahn, »Hegemonie und Integration. Voraussetzungen und Folgen der preußischen Führungsrolle im Deutschen Zollverein«, in: Berding, *Wirtschaftliche und politische Integration in Europa*, S. 45–70.

4 Die grundlegenden Untersuchungen sind Rainer Fremdling, *Eisenbahnen und deutsches Wirtschaftswachstum 1840–1879*, Dortmund 1975; C.-L. Holtfrerich, *Quantitative Wirtschaftsgeschichte des Ruhrkohlenbergbaus im 19. Jahrhundert*, Dortmund 1973; R. Spree, *Wachstumszyklen der deutschen Wirtschaft von 1840–1880*, Berlin 1977; H. Wagenblass, *Die Eisenbahnen und das Wachstum der deutschen Eisen- und Maschinenbauindustrie 1835 bis 1960*, Stuttgart 1973.

5 Siehe D. Eichholtz, *Junker und Bourgeoisie in der preußischen Eisenbahngeschichte*, Berlin 1962.

6 Hans Rosenberg, *Die Weltwirtschaftskrise 1857–1859*, Göttingen 1974 (ursprünglich erschienen als Beiheft der *Vierteljahrschrift für Sozial- und Wirtschaftsgeschichte*, 1934); Spree, *Wachstumszyklen*.

7 Siehe R. Tilly, *Financial Institutions and Industrialization in the Rhineland, 1815–1870*, Madison 1966; und R. Tilly, »Germany 1815-1870«, in: R. Cameron, O. Crisp, H. Patrick und R. Tilly, *Banking in the Early Stages of Industrialization*, New York 1967, S. 151–182.

8 E. Engels, »Das Zeitalter des Dampfes in technisch-statistischer Beleuchtung«, in: *Zeitschrift des königl. preußischen statistischen Bureaus*, Berlin 1879.

9 E. Eistert, *Die Beeinflussung des Wirtschaftswachstums in Deutschland 1880–1913 durch das Bankensystem*, Berlin 1970;

H. Neuberger und H. Stokes, »German banks and German growth, 1883-1913«, in: *Journal of Economic History* 36 (1976), S. 416-424; R. Tilly, »Mergers, external growth and finance in the development of large-scale enterprise in Germany 1880–1913«, in: *Journal of Economic History* 42 (1982), S. 629–638; R. Tilly, »German banking, 1850–1914. Development assistance for the strong«, in: *Journal of European Economic History* 15 (1986), S. 113–152.

10 Die Debatte behandelte die gesamte Frage der Verstädterung, Auswanderung und »Landflucht«, die Verwundbarkeit eines hochgradig urbanisierten Landes bei Unterbrechung seines Außenhandels (insbesondere Nahrungsmitteleinfuhren), die Frage der Konzentration, des Niederkonkurrierens, der Kartellbildung und der drohenden Eliminierung des »Mittelstandes« sowie die Notwendigkeit einer starken staatlichen Politik zur Lenkung und Kontrolle der »Marktkräfte«, um das Land vor destabilisierenden Einflüssen zu bewahren. Siehe Adolph Wagner: *Agrar- und Industriestaat. Die Kehrseite der Industriestaaten und die Rechtfertigung agrarischen Zollschutzes mit besonderer Rücksicht auf die Bevölkerung,* Jena 1901. Ein *locus classicus* zu diesem Komplex ist S. Webb, »Agricultural protection in Wilheminian Germany. Forging an empire with pork and rye«, in: *Journal of Economic History* 42 (1982), S. 309–326.

11 Ebenda.

Carlo Poni und Giorgio Mori
Italien in der *longue durée*: ein alter Primus kehrt zurück

In Italien kam es schon sehr früh zur Verstädterung, die ein dauerhaftes Merkmal seiner Geschichte blieb, vor allem in Mittel- und Norditalien, selbst als (im siebzehnten und achtzehnten Jahrhundert) der Anteil der Städter im Verhältnis zu den Landbewohnern zurückging. Das Verhältnis zwischen Stadt und Land verdient also besondere Beachtung. Die Paläste und Insignien der geistlichen und weltlichen Gewalten, die über Stadt und Umland herrschten, waren in den Städten konzentriert und wurden von den mächtigsten Familien kontrolliert. Adlige und nichtadlige Grundherren, die zu den herrschenden politischen Gruppen gehörten, lebten in der Stadt, und dorthin brachten auch die Bauern (zumeist Pächter) ihre Abgaben, häufig in Naturalform.

Die soziale Schichtung der frühneuzeitlichen Städte Italiens war vielfältiger und komplexer als die anderer europäischer Städte. Die italienischen Städte wurden nicht nur von Kaufleuten, Rechtsanwälten, Lohnarbeitern, Dienstboten und Bettlern bevölkert, sondern auch vom Feudaladel (der zuweilen noch Gerichtsrechte in seinen früheren Lehnsherrschaften besaß) und vom neuen Adel der *nouveaux riches*: Kaufherren und Steuerpächter, Bankiers und Notare, die Land und Adelstitel erworben hatten oder anhäuften.

Der soziale Aufstieg und die Nobilitierung der *nouveaux riches* sind häufig negativ bewertet worden: Die handeltreibenden Mittelschichten hätten, indem sie Handel und Gewerbe zugunsten des Landbesitzes aufgaben, ihre eigentliche historische Rolle verraten. Aber die Verwandlung von reichen Bürgern in landbesitzende Adlige ist ein normaler Vorgang. Das eigentliche Problem taucht vielmehr dann auf, wenn die Positionen in der Geschäftswelt, die sie freimachen, nicht von anderen eingenommen werden, die selbst auf dem Weg nach oben sind.

Man sollte sich jedoch vergegenwärtigen, daß Nobilitierung und Landerwerb nicht immer bedeuteten, daß die Beteiligung am Handel völlig aufgegeben wurde. Florenz hatte beispielsweise Ende des sechzehnten Jahrhunderts seine Rolle als Europas führendes Finanzzentrum verloren. Doch im achtzehnten Jahrhundert investierten eine Reihe von adligen Familien immer noch in Bankgeschäfte, während die adligen Bankiers von Genua ihre Investitionen in den sicherer scheinenden Sektor der öffentlichen Schuld italienischer und europäischer Staaten oder Städte umgelenkt hatten.

Das Bild wird noch komplizierter durch die Tatsache, daß sowohl die alteingesessenen wie die neuen Grundbesitzer häufig die landwirtschaftliche Nutzung des erworbenen Landes verbesserten: Sie nahmen bisher ungenutzten Boden unter den Pflug, machten Land durch Entwässerungskanäle urbar, hegten offene Felder ein, schufen zusammenhängendere (oder besser: weniger zersplitterte) Güter, trugen zur Verbreitung des Weinbaus bei, pflanzten Millionen von Maulbeerbäumen und intensivierten, spezialisierten und diversifizierten die Produktion von Gewerbepflanzen wie Flachs, Hanf oder Färberwaid. Seit dem sechzehnten Jahrhundert, vielleicht schon früher, gab es in der lombardischen Ebene von Lohnarbeitern bewirtschaftete Güter, die kontinuierlichen Fruchtwechsel mit Viehfutter betrieben. Die schiffbaren Kanäle der Poebene wurden zumindest zum Teil gebaut, um landwirtschaftliche Erzeugnisse und Baumaterial (hauptsächlich Sand und Kies) zu transportieren. Schon bald bildeten sie indes auch ein Verkehrsnetz von zentraler Bedeutung für den regionalen und den Fernhandel. Seit dem dreizehnten Jahrhundert bauten viele Städte in der Poebene wie Mailand, Pavia, Padua, Reggio Emilia, Modena, Cento und Bologna ihre eigenen Schiffahrtskanäle, die sie mit dem Po verbanden. Die Boote und Kähne setzten auf dem Po ihre Fahrt fort nach Venedig (ein großer Hafen mit einem ausgedehnten Hinterland) und zu den internationalen Märkten. Das Arsenal von Venedig, das Tausende von Schiffszimmerleuten und Seilern beschäftigte, war nur eines der vielen Industriezweige, die über das Kanalsystem mit Rohmaterial versorgt wurden: Hanf aus Bologna und später aus Montagnana für die Segel und Taue, Holz aus Montello für die Schiffsplanken.

Die Investitionen in Grund und Boden und der Bau eines verzweigten Netzes von Entwässerungskanälen und schiffbaren Wasserwegen gaben der Landwirtschaft Auftrieb und schufen Bedingungen, die das wirtschaftliche Wachstum förderten. Doch von den Gewinnen dieses Prozesses fielen für die Bauern nur wenige Brosamen ab. Die Abgaben waren hoch, und die Last des drückenden Steuersystems lag auf den Schultern der kleinen bäuerlichen Eigentümer und der landlosen Pächter, die von den Stadtregierungen gezwungen wurden, schwere Hand- und Spanndienste für die Instandhaltung von Straßen und Kanälen zu leisten. Die landwirtschaftliche Produktion (Getreide, Hanf, Flachs, Rohseide, Holz, Most, Wein und Färberpflanzen) wurde deshalb zunehmend in der größten Stadt einer Region vermarktet, wo sie auf die Nachfrage einer wachsenden Stadtbevölkerung und deren expandierender Gewerbe traf.

Dieser Wandel hätte nicht stattgefunden oder wäre weniger bedeutend gewesen, wenn die wichtigsten Städte Nord- und Mittelitaliens nicht in der Lage gewesen wären, im Verlauf mehrerer Jahre insbesondere durch ihr Monopol im Fernhandel zwischen dem Orient und Europa große Vermögen anzuhäufen. Dies gab den städtischen Gewerben beträchtlichen Auftrieb, insbesondere den Textilgewerben (Wolle, Baumwolle und Seide), und machte die italienischen Stadtstaaten zur am höchsten entwickelten Region Europas.

Die spezifische soziale Schichtung der Städte und die Konzentration von Reichtum im von Mauern geschützten, privilegierten Stadtraum ließen insbesondere in den größeren Städten eine ungewöhnliche Form von »höfischer Gesellschaft« entstehen, oft (aber nicht immer) mit den Fürstenhöfen als Basis. Diese neue städtische Hofgesellschaft, die von Familienverbänden gebildet wurde, förderte die elegante Konversation und einen sozialen Wetteifer auf der Basis des

Konsums hochwertiger Erzeugnisse des verfeinerten Geschmacks und der guten Manieren. Dies wiederum führte zu einer wachsenden Nachfrage nach Luxusgütern wie Seide, Gold- und Silbergeschmeide, Möbeln, Keramikwaren, Musikinstrumenten, Büchern, Gemälden, Spiegeln, Glaswaren, Statuen, Schmuck aller Art sowie dem Bau und der Dekoration von Stadtpalästen, Gärten und Landvillen.

Dies war nicht nur eine quantitative Veränderung. Durch einen Prozeß, der bis heute keineswegs klar ist, obgleich er allgemein als »Kultur der Renaissance« bezeichnet wird, durchlief der Luxuskonsum häufige, originelle und innovative stilistische Veränderungen. Bereits im vierzehnten Jahrhundert schrieb der Chronist Giovanni Villani, daß die Florentiner Goldschmiede und Seidenweber »jeden Tag zu ihrem Vorteil neuen und anderen Schmuck erfinden« (*Croniche*, X, Kap. CLIII).[1] Diese Erfindungen – die jahrhundertelang in Gebrauch blieben und sich auf viele andere Luxusobjekte und -güter (häufig Gegenstände des täglichen Gebrauchs) ausweiteten – gaben dem italienischen oder italienisierenden Geschmack, der durch kleine, verfeinerte und kultivierte italienische Eliten definiert wurde, eine auch langfristig starke Stellung auf den Märkten Europas und sogar des Orients.[2] Die Vorherrschaft italienischer Moden reichte bis nach England, wenn wir Shakespeare Glauben schenken: »Was Mode ist im stolzen Land Italien, /die plump und äffisch unsere Nation, /nachhinkend übt in schlechter Imitation« (*Richard II.*, zweiter Akt, erste Szene).

Neben dieser aristokratischen Nachfrage gab es noch eine andere Nachfrage – die der katholischen Kirche. Die Kirche war ein reicher Kunde: Sie verlangte nach einer Vielzahl von Dingen für die Ausschmückung ihrer Dome, Kapellen, Klöster, Andachtsräume, Sanktuarien und für die Ausschmückung des Gottesdienstes. Die Nachfrage wuchs in der Zeit der Gegenreformation mit dem Bau unzähliger Barockkirchen und der weitverbreiteten Renovierung alter Kirchen, um dem neuen Geschmack für reiche Verzierung und Schmuck entgegenzukommen.[3]

Diese kombinierte Binnennachfrage regte zusammen mit einer wachsenden internationalen Nachfrage die Produktion von Luxusgütern an und führte zum Aufstieg des städtischen Kaufmanns, zum Kauf- und Verlagssystem; diese Kaufleute operierten oft aus dem Zunftsystem heraus und nutzten die Zunftordnung und Handelsmarken. Die italienischen Zünfte im Textilgewerbe, die auf dem internationalen Markt operierten, bestanden im wesentlichen aus Verlegern, die zunehmend die Handwerksmeister unter ihre Kontrolle brachten. Die einfachen Meister wurden oft in ihrer zünftigen Freiheit und Autonomie eingeschränkt, es sei denn, daß sie ihrerseits ein Verlagssystem aufbauten und unter Umgehung der Zunftordnung Frauen und Kinder beschäftigten.

Wir befassen uns hier nur mit einer dieser Luxuswaren, mit der Seide. Die Wahl scheint gerechtfertigt, denn schließlich hat die Produktion von Seidenraupenkokons, Seidenzwirn und Seidenstoffen jahrhundertelang große Kapitalsummen gebunden und Hunderttausenden von Männern, Frauen und Kindern zu bestimmten Zeiten des Jahres Arbeit gegeben. Wertmäßig betrachtet stellte italienische Seide überdies einen beträchtlichen Teil der Einfuhren nordeuropäischer Länder und der Ausfuhren der italienischen Staaten dar.

Um die Mitte des sechzehnten Jahrhunderts bildete italienische Seide ungefähr 30 Prozent der gesamten französischen Importe. Im Jahr 1620 beklagte sich Scipion de Gramont bitterlich, daß Frankreich jährlich zwei Million Livres an Italien zahle für seine »toile d'or et d'argent... et passemens de Milan, les velours, les satins et les bas de soyes d'Italie« (»gold- und silberdurchwirkten Stoffe ... und Bänder aus Mailand, den Samt und Satin und die Seidenstrümpfe aus Italien«). Einige Jahre später schlug der anonyme Autor des *Advis au Roy et aux Monseigneurs de son Conseil* vor, ein eigenes Seidengewerbe in Frankreich aufzubauen statt andernorts (das heißt in Italien) »douze millions de livres tous les ans«, also jedes Jahr zwölf Millionen Livres auszugeben. Kardinal Ludovico Guicciardini zufolge machte italienische Seide (Zwirn und Stoffe) im Jahr 1567 um die 20 Prozent aller niederländischen Einfuhren aus. Eine andere Quelle schätzt ihren Anteil in den Jahren vor dem Aufstand gegen die Spanier auf 36 Prozent. Der polnische Merkantilist Stanislaus Zaremba behauptete Mitte des siebzehnten Jahrhunderts, Polen importiere jährlich italienische Seide im Wert von 9 Millionen Zloty, eine sicherlich übertriebene Zahl, denn sie entspräche dem Wert der polnischen Weizenexporte mehrerer Jahre.[4]

Diese Zahlen werden, obgleich zweifellos übertrieben, indirekt bestätigt durch italienische Quellen. Die zweite Hälfte des sechzehnten Jahrhunderts zeigte einen Boom auf allen Stufen der Seidenproduktion einschließlich der Weberei. Genua zählte 1580 rund 8000 Webstühle; in Bologna gab 1591 das Seidengewerbe 25 000 Menschen (zur Hälfte Frauen) Arbeit. In Mailand und Venedig arbeiteten etwa 40 000 Menschen zum Teil oder ganz in der Seidenindustrie. In Genua waren nach den Berechnungen von P. Massa ungefähr 35 000 Menschen – 60 Prozent der Bevölkerung – in der Seidenproduktion tätig. Zu diesen sicherlich überhöhten, aber aufschlußreichen Zahlen müßte man noch Zahlen aus Florenz, Reggio Emilia und insbesondere Lucca hinzufügen, wo Anfang des sechzehnten Jahrhunderts etwa 12 000 Personen in der Seidenherstellung arbeiteten.[5]

In dieser Aufstellung finden wir die vier großen Städte des sogenannten Vierecks: Mailand, Venedig, Florenz (66 000 Personen in der Mitte des siebzehnten Jahrhunderts) und Genua; die Verflechtung zwischen den Städten war allerdings viel komplizierter. Jede Stadt hatte natürlich ihre spezifische, oft von den Zünften geleitete Arbeitsorganisation. Überall lag jedoch die wirkliche Macht in den Händen der großen Verleger.

Die ersten Zentren des Seidengewerbes, Lucca und Venedig, die im dreizehnten Jahrhundert entstanden, importierten Rohseide aus Sizilien, Süditalien und dem Mittleren Osten (der auch andere Luxusgüter, darunter Seidenstoffe, lieferte). Am Ende des sechzehnten Jahrhunderts führte Venedig immer noch Rohseide aus der Levante ein. Zu dieser Zeit produzierte die venezianische Terraferma jedoch bereits

600 000 Pfund Rohseide pro Jahr, die von den Webereien in Venedig und in anderen Städten der Republik Venedig verarbeitet wurde. Am Ende des achtzehnten Jahrhunderts lag der jährliche Output an Seidenzwirn bei 2 500 000 Pfund. Das Wachstum der piemontesischen Rohseidenproduktion war sogar noch spektakulärer, ein Anstieg von einigen zehntausend Pfund in der Mitte des siebzehnten Jahrhunderts auf etwa 1 200 000 bis 1 600 000 Pfund am Ende des achtzehnten Jahrhunderts. Die Produktion im Herzogtum Mailand (die habsburgische Lombardei) war sehr viel weniger beeindruckend: Zwischen 700 000 und 800 000 Pfund in der ersten Hälfte des achtzehnten Jahrhunderts, stieg sie am Ende des Jahrhunderts, nun einschließlich des Herzogtums Mantua, auf 1 400 000 Pfund an. Die Seidenproduktion in den Staaten südlich des Po und in Mittelitalien hatte an diesem Wachstum keinen Anteil; der Output dürfte dort in diesem Zeitraum bei etwa 700 000 Pfund gelegen haben. Die Produktion in Süditalien erlebte dagegen einen starken Rückgang, obgleich das genaue Ausmaß dieses Niedergangs schwierig zu bestimmen ist. Domenico Grimaldi zufolge, wahrscheinlich nicht zuverlässiger als andere Quellen, betrug die Rohseidenproduktion im Königreich Neapel 1785 ungefähr eine Million Pfund, weniger als die Hälfte des Outputs in einem früheren, nicht spezifizierten Zeitraum.[6]

Die Zunahme der Produktion von Seidenraupenkokons, konzentriert vor allem in Norditalien, wurde durch das niedrige technische Niveau des Abhaspelns und Zwirnens gehemmt. Dieser Flaschenhals in der Produktion wurde überwunden durch den Import fortgeschrittener Technologien aus Bologna. Seit dem vierzehnten Jahrhundert rühmte sich Bologna mehrerer mit Wasserkraft angetriebener Seidenmühlen, die gleichzeitig Hunderte und Tausende von Fäden winden konnten; seit dem sechzehnten Jahrhundert waren sie integriert mit mechanisch betriebenen Haspelmaschinen. Diese zwei oder drei Stockwerke hohen, viel menschliche Arbeitskraft einsparenden Seidenmühlen beschäftigten Dutzende von Arbeitern (zumeist Kinder) in einem vollständig mechanisierten Produktionsprozeß. Die Aufgabe der Arbeiter bestand darin, die Maschinen mit Rohmaterial zu versorgen, gerissene Fäden zu verknoten, die Zwirnfäden zu ajustieren (eine Aufgabe, die nur Erwachsenen übertragen wurde) und das gezwirnte Garn in Körbe zu verpacken. Die bolognesische Seidenmühle, die ein Garn von höherer Qualität produzierte als das von Hand gezwirnte, bildete ein Fabriksystem, das Arkwrights Baumwollmühle, eine wassergetriebene Flügelspinnmaschine, vorwegnahm.

Im sechzehnten Jahrhundert gelangten die streng gehüteten Geheimnisse der bolognesischen Seidenmühlen durch Industriespionage nach Modena, Faenza und Reggio Emilia. Zu Beginn das folgenden Jahrhunderts hatte die Technologie Padua, Treviso, Feltre, Mantua und Pescia erreicht. Manche Mühlen stellten sich als Mißerfolge heraus, weil sie Fehlkonstruktionen waren oder weil ungeeignete Seidenfäden verwendet wurden. Auf jeden Fall konnten sie nicht mit den Manufakturen in Bologna konkurrieren, die dank größerer Zulieferung von Rohseide in der Lage waren, zahlen- und größenmäßig zu expandieren. Im Jahr 1683 arbeiteten in Bologna 353 Zwirnmaschinen, die von ebenso vielen Mühlrädern im künstlichen Kanalsystem der Stadt angetrieben wurden. Dies war die höchste Konzentration von städtischen Wassermühlen in Europa – 112 kleine und mittlere Seidenmühlen.

Die Situation änderte sich grundlegend zwischen etwa 1650 und 1750, als einige hundert (vielleicht mehr) durch Wasserkraft angetriebene Seidenmühlen mit mechanischen Spulen auf den Hügeln und Hochebenen im südlichen Alpenvorland des Piemont, der oberen Lombardei und der Republik Venedig errichtet wurden. Mehrere Faktoren sprachen für die neuen Standorte auf dem Land und in mauerbewehrten Landstädtchen: Wasserkraft war im Überfluß vorhanden, ebenso billige ländliche Arbeitskräfte, die Rohseidenproduktion vor Ort wuchs eindrucksvoll, die reichen europäischen Absatzmärkte waren nicht weit, es gab keine Zunftzwänge.

Diese Dezentralisierung kann jedoch nicht als ein einziger, undifferenzierter Prozeß angesehen werden. Sie war auch das Ergebnis der Wirtschaftspolitik der neuen Regionalstaaten, die durch die Eingliederung der kleinen und mittleren Stadtstaaten in größere Einheiten (wie das Herzogtum Mailand oder die Republik Venedig) gebildet wurden. Diese neuen Regionalstaaten, deren Macht in der Hauptstadt lag, schuf auf lange Sicht ein neues Verhältnis von Stadt und Land, zum Vorteil für das Land.

Das wichtigste Beispiel ist das Herzogtum Mailand. Schon früh wurde das Steuersystem reformiert, mit der Einführung einer Steuer auf den Besitz und Gewinn der Kaufleute (des *mercimonio*) im sechzehnten Jahrhundert, zu der sich später unter Maria Theresia die Grundsteuer gesellte; beide trafen die privilegierten Schichten in den Städten. Nach dem frühen Zusammenbruch der Seidenweberei in der Stadt (1620–1640) mußten die Mailänder Seidenzünfte akzeptieren (wenn auch nicht widerstandslos), daß die Seidenzwirnerei in Handarbeit auf das Land verlagert wurde, wo die Produktionskosten niedriger waren. Diese Verlagerung traf zusammen mit dem Bau der großen, mit Wasserkraft angetriebenen Seidenmühlen von Varese und Como. In der Republik Venedig war die Situation anders. Dort erließ der Senat am 5. Januar 1634 ein Gesetz, das den Bau wassergetriebener Seidenmühlen auf der Terraferma fördern sollte. Es gestattete die kostenlose Nutzung von Wasserläufen, gewährte Steuerbefreiungen für alle Maschinen, Befreiung von allen Binnenzöllen (und ermöglichte so die freie Zirkulation von Seidenzwirn), hob die Zunftordnungen auf, die verhindert hatten, daß Kaufleute Seidenmühlen besaßen, und befreite auswärtige Kaufleute und Zwirner (die Bologneser Fachleute) von allen Hand- und Spanndiensten und gewährte ihnen zugleich das Recht, nichtzünftig zu arbeiten. Die Beschäftigung in der Stadt litt stark unter dieser Förderung der ländlichen Gewerbe. Von den 700 manuell betriebenen Zwirnmaschinen in Mailand blieben 1680 nur noch 200 übrig. Die Zahl der 550 manuellen Zwirnmaschinen in Venedig im Jahr 1557 ging im Lauf der Jahrhunderte mehrfach stark zurück.

Mit der Ausbreitung der neuen Technologien nach Norden wurden diese technisch weiterentwickelt, insbesondere in Piemont, wo wie in der Republik Venedig die Größe der Seidenmühlen zunahm. Keine Seidenmühle in Bologna beschäftigte mehr als 100 Arbeiter, wenn wir die »Dublierer« ausklammern, die in Heimarbeit tätig waren. In Racconigi (Piemont) halfen Bologneser Techniker Ende des siebzehnten Jahrhunderts dabei, riesige Seidenmühlen für Unternehmer wie Gianfranco Peyron zu bauen, die ungefähr 300 Arbeiter beschäftigten und 26 000 Pfund Seidenzwirn jährlich produzierten. Im Jahr 1773 gab es nur noch 30 kleine Seidenmühlen in Venedig, die 82 männliche Arbeitskräfte (Erwachsene und Kinder) beschäftigten. Etwa 1000 Frauen und Mädchen arbeiteten als Hasplerinnen in Heimarbeit für die Mühlen. In Mühlen wie in Racconigi erwarb John Lombe das technische Know-how, das ihm ermöglichte, seine große Seidenmühle in Derby zu bauen und das erste Fabriksystem in England einzuführen. Aber der Transfer war nicht beschränkt auf die Technologie der Seidenmühlen. Die italienischen Unternehmer hatten auch die Kunst gelernt, die Arbeitskräfte an die Fabrikdisziplin zu gewöhnen. Diese Kunst wurde zusammen mit den Haspel- und Zwirnmaschinen in England eingeführt und später auf die Arbeitsorganisation der ersten Baumwollmühlen übertragen.

Die hier kurz skizzierten wichtigsten technischen und ökonomischen Entwicklungen hätten eigentlich, so könnte man meinen, der italienischen Seidenweberei, die Europa seit dem fünfzehnten Jahrhundert beherrschte, einen deutlichen Anstoß geben müssen. Dies wäre zumindest nach den heute verfügbaren Standardtheorien der Fall. Die Wirklichkeit sah indes ganz anders aus: während dieser Zeit begann die italienische Seidenindustrie, an Boden zu verlieren. Dies war weitgehend das Ergebnis der im achtzehnten Jahrhundert auftauchenden englischen und französischen Konkurrenten. Lyon, bereits das Hauptquartier toskanischer Bankiers, die in Frankreich tätig waren, wurde das wichtigste Zentrum der Seidenweberei in Europa, anfangs mit Hilfe italienischer Fachleute. Die Vorherrschaft Lyons auf dem internationalen Markt für Seidenstoffe während des achtzehnten Jahrhunderts gründete zum Teil auf seiner technologischen Überlegenheit, vor allem aber auf dem jährlichen Wechsel der Mode, »les modes de Paris faites à Lyon« (die Pariser Mode wird in Lyon gemacht).

Nach großen Verlusten und Niederlagen auf den internationalen und einheimischen Märkten überlebte die italienische Seidenweberei nur in den Städten, die fähig waren, neue, defensive Strategien zu entwickeln: entweder, indem sie der französischen Mode folgten und Stoffe mit nachgeahmten Mustern produzierten, oder indem sie sich in den sicheren Hafen von Stoffen flüchteten, die nicht vom »Reich der Mode« betroffen waren. Genueser Samt beispielsweise war im achtzehnten Jahrhundert weiter sehr gefragt bei hohen Beamten, Anwälten und Richtern. Bologneser Crepelin blieb ein vielseitig verwendbares Accessoire für das Herausputzen nach der neuesten Mode und erzielte hohe Verkaufszahlen während der häufigen Perioden von Hoftrauer. Brokatstoffe aus Venedig wurden weiter nach Istanbul und in das Osmanische Reich exportiert. Die alten Gewerbestädte waren also, obgleich im Niedergang, immer noch auf den internationalen Märkten präsent. In Venedig gab es um 1780 6650 Seidenarbeiter, in Bologna 1789 zwischen 6000 und 7000 Beschäftigte im Seidengewerbe. Genua zählte im Jahrzehnt 1780–1790 genau 325 Webstühle in der Stadt (verglichen mit rund 800 Stühlen im Jahr 1772) und 1625 Webstühle im Umland (verglichen mit 4353 im Jahr 1772). Während die alten Zentren der Seidenproduktion in Niedergang waren, wuchsen neue Zentren wie Vicenza und Como, die beide Ende des achtzehnten Jahrhunderts jeweils ungefähr 1000 Webstühle zählten.

In Norditalien insgesamt begannen die Produktion und der Export von Seidengarn und Zwirn die Herstellung und Ausfuhr von Seidenstoffen zu übertreffen. Piemonteser Seidengarn wurde nach Lyon exportiert, während Bologneser Seidenzwirn und lombardische Tramseide auf den Märkten von Amsterdam und London verkauft wurden. Alle Regionen und Staaten der Poebene, in der ungefähr 60 Prozent der gesamten europäischen Rohseidenproduktion konzentriert war, führten Seidenzwirn nach West- und Nordeuropa aus. Da die Wertschöpfung des Haspelns, Spulens und Zwirnens sehr viel geringer war als die des Webens, bedeutete der tiefgreifende Wandel in der internationalen Arbeitsteilung, der sich im achtzehnten Jahrhundert im Seidensektor vollzog, zugleich eine grundlegende Verlagerung des potentiellen Reichtums von Italien zu den neuen Zentren der Seidenweberei nördlich der Alpen.

Dieser Prozeß kann als eine relative Deindustrialisierung des italienischen Seidengewerbes beschrieben werden, auch wenn er begleitet war von einer ungeheuren Ausdehnung des Garnens und Zwirnens in den Seidenmühlen. Diese ungewöhnliche Kombination der Verbreitung eines Fabriksystems mit der gleichzeitigen Deindustrialisierung der Weberei stellt uns vor ein schwieriges Paradox – freilich nicht das erste in der italienischen Geschichte. Es rät zur Vorsicht und warnt davor, Fabriksystem und industrielle Expansion gleichsam automatisch miteinander zu verknüpfen.

Die scherenartige Entwicklung hatte zwar negative Auswirkungen auf die Wirtschaft wichtiger städtischer Zentren, führte aber gleichzeitig zum Wachstum eines florierenden Gewerbesystems in den ländlichen Voralpengebieten. Die Seidenmühlen waren nur ihr sichtbarster Ausdruck, mit der größten Kapitalkonzentration. Die fabrikmäßige Produktion von Seide stützte sich auch auf das Land, wo Maulbeerbäume kultiviert wurden, und bezog die bäuerlichen Haushalte ein, in denen die Seidenraupen aufgezogen wurden. In den bäuerlichen Familien erledigten die Frauen und Kinder in Handarbeit das Haspeln, Spinnen, Wickeln und Dublieren; Männer, Frauen und Kinder beiderlei Geschlechts arbeiteten in den Seidenmühlen. Auch die Städte waren nicht völlig aus dem Produktionsprozeß ausgeschlossen. Der städtische Adel und die Mittelschichten investierten in Fabriken auf dem Land, leiteten sie, versorgten sie mit dem nötigen Kapital zur

Deckung der Produktionskosten und vermarkteten das Seidengarn.

Es ist verführerisch, aber irreführend, diese Gebiete als Beispiele für eine Protoindustrie zu bezeichnen. Erstens waren die Seidenmühlen bereits Beispiele für ein Fabriksystem. Zweitens: obgleich das Haspeln ursprünglich in den Bauernhaushalten stattfand, wurde es seit dem achtzehnten Jahrhundert – insbesondere in Piemont – zunehmend in einem Gebäude konzentriert, in dem Hunderte von Frauen und Kindern arbeiteten. Drittens war die industrielle Seidenverarbeitung vor allem im Sommer und Herbst konzentriert, wenn die Hauptarbeiten in der Landwirtschaft anfielen.

Aus diesen Gründen lassen wir den Begriff »ländliche Protoindustrie« beiseite und benutzen eine andere Bezeichnung: »ländliche Gewerbegebiete«. Dieser flexiblere Begriff kann eine Reihe unterschiedlicher Organisationsformen abdecken (handwerkliche Produktion in der Werkstatt oder im bäuerlichen Heimgewerbe, das Kauf- und Verlagssystem, Manufaktur und Fabriksystem). Er umfaßt vielfältige Beziehungen mit der Landwirtschaft wie die Arbeit von Frauen im Seidengewerbe während der Sommermonate sowie eine Reihe von komplexen Vernetzungen von Firmen, die in unterschiedlichen Phasen der Produktion tätig waren.

Die Entwicklung der Produktionsphasen des Haspelns und Zwirnens auf dem Lande war begleitet vom Niedergang anderer technologisch fortgeschrittener Sektoren, in denen die italienischen Städte lange Zeit vorherrschend gewesen waren, teilweise zumindest, weil es keine Konkurrenten gegeben hatte. Ein eindrucksvolles Beispiel ist Venedig: Einst die größte Gewerbestadt in Europa, wurde sie im Lauf des siebzehnten Jahrhunderts ihres wertvollen Know-hows in der Produktion von Glaswaren, Spiegeln, Farbstoffen, Luxusseifen und Seidenstoffen beraubt.

Luxusgüter waren von zentraler Bedeutung für den internationalen Markt, für das Kapital, die Beschäftigung und die Zahlungsbilanz, doch sie sind nicht der einzige Sektor, der uns hier interessiert. Die lang andauernde Vorherrschaft Italiens in diesen Sektoren war begleitet von einer schwachen Position bei der Herstellung von Stoffen mittlerer und minderer Qualität, darunter der »new draperies«. In diesem Sektor gab es eine starke Konkurrenz von holländischen und englischen Tuchen (die *londrine*), die im Lauf des siebzehnten Jahrhunderts auf die wichtigen Mittelmeermärkte vordrangen. Mit diesen Tuchen gewannen die nordeuropäischen Länder die Schlacht gegen die venezianischen Wollstoffe in der Levante, auf dem Balkan und schließlich in der Republik Venedig selbst.

Die Produktionszahl von Wollstoffen in Venedig belegt dies: Sie stieg von 2000 *pezze* (1 *pezza* sind ungefähr 50 Meter) im Jahr 1518 auf 28 000 *pezze* im Jahr 1601 an und brach dann im Lauf des siebzehnten Jahrhunderts zusammen. Doch neue Produktionszonen von Wollstoffen entwickelten sich bereits im Hügel- und Voralpenland der Terraferma. Das Spinnen und Weben von Stoffen minderer Qualität blühte in den Bergtälern nördlich von Bergamo auf und eroberte innerhalb weniger Jahrzehnte eine bedeutende Marktstellung in Europa, wenn auch nur vorübergehend.

Walter Pancieras ausgedehnte Forschungen über das Wollgewerbe der Republik Venedig hat das Ausmaß und die arbeitsorganisatorische Vielfalt der Importe ersetzenden Tuchproduktion im Voralpenland gezeigt. Wir gehen hier nur auf ein Beispiel ein, auf die Wollstoffproduktion in dem Gebiet nördlich Vicenzas und in den Hügeln um Schio, die spezialisiert waren auf die Herstellung von gekrempelten Wollstoffen mittlerer Qualität. In der zweiten Hälfte des achtzehnten Jahrhunderts waren diese Erzeugnisse von allen Binnenzöllen befreit. Sie waren Teil eines integrierten Produktionsgeflechts, in dem das dezentralisierte Spinnen und Weben, das in den bäuerlichen Haushalten stattfand, mit den zentralisierten Werkstätten verbunden war, in denen die Weiterverarbeitung geschah (Walken, Aufkratzen, Färben und manchmal auch Fertigweben, mit etwa einem Dutzend Webstühlen). Sie nahmen auch ihren flämischen und englischen Konkurrenten einen Teil des einheimischen Marktes weg und schafften es dank ihrer Steuerbefreiung und Ausfuhrprämien, in benachbarte auswärtige Märkte einzudringen.

Obwohl sich die Wollstoffproduktion von Schio innerhalb weniger Jahrzehnte (von 1762 bis 1792) verdreifachte, scheint sie noch nie mehr als 14 000 *pezze* betragen zu haben; folglich waren nie sehr viel mehr als 500 Webstühle in Betrieb. Der wichtigste Unternehmer im Gebiet von Schio war zweifellos der venezianische Adlige Niccolò Tron, Botschafter der Republik Venedig in London, der mit Hilfe englischer Arbeiter und Techniker neue Produktionstechniken einführte. Seine Innovationen, darunter um 1760 die Einführung der Schnellschütze, wurden bald auch von seinen Nachahmern und Konkurrenten genutzt, von denen einige frühere Angestellte oder Geschäftspartner waren.[7]

Weiter östlich, in Tolmezzo, an der Südflanke der Alpen, lag die Leinen- und Hanfleinwand-»Fabrik« von Giacomo Linussio. Auch dieses Gewerbe genoß gewisse Privilegien: es war namentlich von Zöllen auf eingeführte Rohstoffe und von den meisten Ausfuhrzöllen befreit. Im Jahr 1720 produzierte die Firma 3000 *pezze* und beschäftigte 200 Webermeister und 2500 Spinner. 1737 war der Output auf 19 238 *pezze* angestiegen, im Jahr 1748 auf 26 667, 1752 auf 32 117 *pezze*, und 1776 erreichte er mit 42 739 *pezze* seinen Höhepunkt. Dieser beeindruckenden Leistung folgte jedoch ein rascher und unerwarteter Niedergang in den 1780er Jahren aufgrund der Konkurrenz deutscher Produzenten.[8]

In den Bergtälern und insbesondere den Tälern mit Bergwerken (Eisenerzvorkommen), ausgedehnten Wäldern und Wasserfällen gab es metallverarbeitende Gewerbe, die für relativ große Märkte die eisernen Bestandteile landwirtschaftlicher Gerätschaften (im Val Sabbia und Val Camonica), Draht (Lecco) und Nägel (Salò) herstellten. Bedeutend war auch die Produktion von Schußwaffen, Büchsen und Karabinern im Val Tromia, die in zwei Untersektoren aufgeteilt war. Die Gewehrläufe wurden in den Eisenwerken von Gardone hergestellt, der wichtigsten Stadt des Tales, während die Steinschlösser in Lumezzane produziert wurden. Die Gewehre wurden dann in Brescia von den städtischen Waffenschmieden zusammengesetzt. Dieses Gewerbe war abhängig von Regierungsaufträgen, obwohl auch Jagdbüchsen für den Export gefertigt wurden. Ugo Tucci zufolge verkaufte Brescia zwischen 1794 und 1797 150000 Büchsen an den König von Spanien; dies war freilich ein ungewöhnlich großer Auftrag, aber andere bedeutende Lieferverträge konnten von Zeit zu Zeit im Lauf des achtzehnten Jahrhunderts abgeschlossen werden. Im Jahr 1743 kaufte das Königreich Neapel 12000 Büchsen und 6000 Pistolen, und 1758 bestellte die Republik Venedig 18000 Büchsen.

Im südlichen Voralpenland siedelten sich auch die neuen Papiermühlen an (am Ufer des Gardasees), die innovative Druckerei von Remondini in Bassano, die Bücher, zahlreiche populäre Drucke und Tapeten herstellte, und die Majolica- und Porzellanmanufakturen (in Bassano und Nove), die um 1770 begonnen hatten, den Wegdwood-Stil erfolgreich nachzuahmen. Nördlich von Mailand wurden Baumwoll- und Baumwollmischgewebe gesponnen und gewoben. Dieses ländliche Gebiet sollte im neunzehnten Jahrhundert das Zentrum der italienischen Baumwollindustrie werden. Um 1767 waren in Busto Arsizio 7000 Spinner und Weber im Heimgewerbe beschäftigt, die etwa 60000 *pezze* pro Jahr produzierten.

Ende des achtzehnten Jahrhunderts lassen sich dann einige Innovationsversuche beobachten. Ingesamt gesehen jedoch verlor die Wirtschaft Norditaliens rasch an Boden, nicht nur gegenüber England, das bereits die tiefgreifenden Umwälzungen der Industriellen Revolution erlebte, sondern auch gegenüber Frankreich, Belgien und dem Rheinland. Die Kluft sollte sich während der französischen Besetzung und der Restauration noch vertiefen.

Im Jahr 1792 konnte allerdings ein so sorgfältiger Beobachter wie der große englische Agronom Arthur Young noch erklären, Norditalien (die Lombardei, wie er sich ausdrückte) sei zusammen mit den Niederlanden und England »das reichste Land in Europa«. In Piemont und in der Gegend um Mailand fand er »alle Zeichen des Wohlstands: eine viel-köpfige Bevölkerung, wohlbeschäftigt und gut versorgt; hohe Ausfuhren und ein florierender einheimischer Konsum; prächtige Straßen; zahlreiche und vermögende Städte; ein reger Warenverkehr; niedrige Zinsen und ein hoher Preis der Arbeit«. Young schrieb diese Prosperität allein der Landwirt-schaft zu, nicht dem Handel und »gewiß nicht den Manufak-turen, weil sie kaum einer Fabrik gleichen. Es gibt einige wenige (unbedeutende) in Mailand und in Piemont die Sei-denmühlen, ... aber insgesamt gesehen in so geringer Zahl, daß beide als Länder ohne Fabriken angesehen werden müs-sen.« Er leugnete selbstverständlich nicht die Existenz von Gewerben, sah sie aber als abhängig von der blühenden Landwirtschaft (»die Landwirtschaft trägt und nährt sie«) und folglich allein vom Binnenmarkt an. Youngs Lieblings-theorie, daß die Landwirtschaft ungeheuren Reichtum produ-ziere und Gewerbe allein auf Kosten der Landwirtschaft und des allgemeinen Lebensstandards wachsen könne, schien im Fall der norditalienischen Wirtschaft uneingeschränkte Be-stätigung zu finden. Dennoch hatte Young zuvor in seinen *Travels* die verschwenderischen Investitionen in Paläste und Kirchen in vielen italienischen Städten der massiven Anhäu-fung von »nationalem Reichtum« in der Periode zugeschrie-ben, in der »die italienischen Republiken den gesamten Han-del von Europa in der Hand hatten«.[9]

Doch neben dem Handel hatten italienische Städte auch Innovationen in Handwerk und Gewerbe gefördert. Die Re-publik Venedig erließ 1474 als erste in Europa ein Gesetz über gewerbliche Patente, das die zünftige Kontrolle der Pro-duktionsverfahren empfindlich schwächte. Die Anerken-nung des geistigen Eigentums für eine bestimmte Zeit (bis zu fünfzig Jahren) garantierte den Erfindern eigene Einnah-men. Nach Ablauf des Patents konnte jedermann die Innova-tion anwenden.

Zwischen 1474 und 1788 gewährte der Senat von Venedig ungefähr 2000 Patente: für neue Arten von Mühlen (Getreide-, Papier- und Seidenmühlen, Mühlen zur Be- und Entwässerung); für Maschinen zum Heben gesunkener Schiffe; für neue Technologien und Verfahren zur Herstellung von Glas und Keramik und neuen Farbstoffen; für Instrumente zur Verbesserung der Qualität von Woll-, Seiden- und Baumwollstoffen. Manchmal behaupteten die Erfinder, ihre Erfindungen würden die Produktionskosten senken und die Produktivität steigern. Nur gelegentlich findet man die Beschreibung eines tatsächlich durchgeführten Experiments, mit dem notariell bestätigten Ergebnis.

Zu ergänzen ist, daß die venezianischen Patente im Unterschied zu den britischen gebührenfrei waren, was ihre relativ hohe Zahl erklärt. Nebenbei bemerkt wurde im achtzehnten Jahrhundert keine beachtenswerte Innovation in Venedig patentiert, während es in den vorangehenden Jahrhunderten besser aussah. R. T. Rabb zufolge nehmen sich die Veränderungen in den britischen Gewerben zwischen 1540 und 1640, die von U. Nef als »die erste Industrielle Revolution« beschrieben wurden, geradezu primitiv aus, verglichen mit der Vielzahl raffinierter Fertigungstechniken in den venezianischen Gewerben in den Jahrzehnten vor der Krise in der ersten Hälfte des siebzehnten Jahrhunderts, als Venedig auf dem internationalen Markt mit seinen Luxusgütern glänzte.[10]

Die Periode, die mit der französischen Besetzung im Jahr 1796 begann, sah bedeutende institutionelle Neuerungen, die für die Entwicklung einer kapitalistischen Wirtschaft günstig waren: die Abschaffung der Zünfte, den Verkauf von Kirchengütern und die Schaffung eines großen, zollfreien Binnenmarkts in Norditalien. Doch die häufigen Kriege und die politische Instabilität hatten eine gegenteilige Wirkung, sie störten die Produktionsabläufe und den Handel und hielten Verleger von Investitionen in neue Technologien ab. Die Verleger waren zwar in der Lage, Produktionsabläufe auf der Basis der bäuerlichen Haushalte zu organisieren, doch sehr zurückhaltend, die Investition auch nur geringfügiger Kapitalien in den neuen Sektoren zu riskieren. Das quantitative Wachstum der Produktion in bestimmten Sektoren und Gebieten wurde zum Teil dadurch bewirkt, daß ausländische

Konkurrenz auf Grund des Krieges und der Kontinental-sperre verschwunden war, zum Teil durch große Armeeauf-träge. Das scheint beispielsweise in der Wolltuchproduktion der Fall gewesen zu sein, die in den Jahren 1801–1807 eine rasche Expansion in den Départements Vicenza und Bergamo, aber einen schweren Rückgang in Padua und Verona erlebte. Die Metallwerkstätten des Val Trompia zogen ebenfalls Gewinn aus militärischen Aufträgen. Im Jahre 1808 präsentierten die Metallarbeiter des Tals den Regierungsbeamten 6760 Gewehrläufe zur Inspektion.

Der Seidensektor befand sich dagegen im Würgegriff einer tiefen Krise auf Grund fehlender Absatzmöglichkeiten, verursacht durch die Kontinentalsperre und den Krieg. Dennoch bildete Seide (hauptsächlich Garn, aber auch Stoffe) immer noch zwei Drittel der Ausfuhren des napoleonischen König-reichs Italien und war für die Zahlungsbilanz von zentraler Bedeutung. Die anhaltende Bedeutung von Seide bestätigt noch einmal die starken Traditionen dieses Gewerbes. Aber sie macht auch deutlich, daß eine dauerhafte gewerbliche Dynamik anderer Sektoren in den wohlhabendsten Landesteilen fehlte.

Nach der Restauration, die in Italien bis 1848 dauerte, wurden Textilfabriken »englischen Stils«, einschließlich Seiden-mühlen, in vielen italienischen Staaten gegründet, wie überall in Europa und in den Vereinigten Staaten. Obgleich diese frühen Zeichen kapitalistischer Industrialisierung nur wenige und ziemlich verstreut waren, bildeten sie dennoch das erste relevante Stadium der Entwicklung des neuen Systems. Innerhalb weniger Jahrzehnte nahmen sie zahlenmäßig zu und verbesserten ihre Qualität, dank der Bemühungen lokaler Unternehmer – aber auch der Anstrengungen ihrer schweizerischen, französischen und deutschen Kollegen.[11] Unterdessen waren die verschiedenen Staaten des Landes 1861 zum Königreich Italien vereinigt worden, und die Zahl der Fabriken hatte sich beträchtlich vermehrt. Diese beschäftigten nunmehr ungefähr 200000 Arbeiter, obschon fast ausschließlich im Spinnen (Baumwolle) und Zwirnen (Seide) tätig. Der Seidensektor, der während der napoleonischen Zeit und in den ersten Jahrzehnten nach der Restauration dahingesiecht war, erlebte eine beträchtliche Expansion bis 1853, als ihn die schreckliche Krise traf, die durch die Pebrinepidemie, eine seuchenartige Erkrankung der Seidenraupe, verursacht wurde. In der Mitte der 1860er Jahre befand sich die Seidenindustrie freilich wieder in einer vollen Erholungsphase und konnte allein in der Lombardei mehr als 500 000 Spindeln betreiben und ungefähr 35 000 Arbeiter beschäftigen, nur geringfügig weniger in Piemont sowie eine Reihe kleinerer Mühlen in anderen Gebieten des Landes. Hinzu kam, daß auch die Baumwollmühlen in der Lombardei, in Piemont, Kampanien und Ligurien höchst erfolgreich waren, ebenso das Wollgewerbe in Piemont, Venetien und im Liri-Tal sowie die Hanf- und Leinenproduktion in der Lombardei und der Region von Salerno.

Die Mechanisierung begann zuerst in den Getreidemühlen, gefolgt von der Produktion von Lokomotiven in Neapel, von stationären Dampfmaschinen in Genua (obwohl zwischen 1839 und 1860 immerhin 386 der 426 in Dienst stehenden Lokomotiven importiert wurden) und später Textilmaschinen, Druckerpressen und landwirtschaftliche Maschinen in Turin, Mailand und Neapel, sowie die »Dauerpressen« in der Papierindustrie in Neapel, der Toskana, der Lombardei und in Piemont. Auf der anderen Seite wurde in dieser frühen Phase beinahe die gesamte Förderung der zugegeben nicht sehr bedeutenden Erzvorkommen exportiert. Das Hüttenwesen war fast völlig veraltet und die chemische Industrie auf Werkstätten beschränkt, die Leuchtgas produzierten (fünf im Königreich Sardinien, acht in Lombardei-Venetien, zwei in der Toskana, zwei im Kirchenstaat und zwei im Süden).

Im ganzen gesehen waren Italiens industrielle Ressourcen hochkonzentriert in einigen wenigen Regionen (Piemont, Lombardei, Ligurien und Kampanien) und lagen vom Entwicklungsstand her gesehen irgendwo zwischen denen industrialisierterer Länder wie Frankreich, Belgien, Preußen und Großbritannien und denen des übrigen Europa. Dieses Stehenbleiben auf halbem Wege wirft eine der häufig gestellten schwierigen Fragen über die industrielle Entwicklung im neunzehnten Jahrhundert auf: Warum konnten diese frühen Formen industrieller Produktion in verschiedenen italienischen Staaten Fuß fassen, im Unterschied zu vielen anderen Regionen, hatten dann aber außerordentliche Schwierigkeiten, weiter zu wachsen und zu reifen? Zur Zeit der Einigung Italiens blieb das Land weit hinter Großbritannien und den anderen genannten nachfolgenden Ländern zurück. Es ist nicht sehr überzeugend, diese Frage abzuleugnen oder mit dem teleologischen Argument zu verniedlichen, daß Italien später zu ähnlichen Resultaten gelangen sollte wie die vorausgeeilten Länder, nur auf anderen, angeblich weniger schwierigen und weniger kostspieligen Wegen.

Wir sollten zuerst festhalten, daß Italien in dieser Periode in mancherlei Hinsicht anderen Ländern auf dem Weg der Industrialisierung ähnlich war. Die Produktion von Konsumgütern war höher als die von Investitionsgütern, und die Reaktionen der wichtigsten gesellschaftlichen Gruppen auf die ersten Anzeichen von industriellem Wachstum waren mehr oder weniger gleich. Die Intellektuellen waren äußerst mißtrauisch, die grundbesitzenden und gewerbetreibenden Schichten vorsichtig, die Landarbeiter und Handwerker zögerten, in die Fabrik zu gehen (oder dort zu bleiben). Auch die verschiedenen Regierungen in Italien zeigten kein großes Interesse an den neuen Formen gewerblicher Produktion.

Es war jedoch unbestreitbar, daß es zwischen den italienischen Staaten große Unterschiede in ihrer gewerblichen und industriellen Entwicklung gab. Diese Unterschiede waren ganz deutlich das Ergebnis endogener Variablen wie des Zugangs zu Rohstoffen, der Kultur und der Haltung von Unternehmern und Arbeitern, der Investitionen und Arbeitsmärkte. Es ist aber auch klar, daß ein »Sonderfall«, so genau er auch untersucht und analysiert sein mag, immer noch das Ergebnis einer verschlungenen Reihe von Verbindungen zwischen Vergangenheit und Gegenwart sein muß: eine Synthese von objektiven Grenzen und individuellen Entscheidungen, von äußerem Druck und verschiedenen Optionen, die im Land gegeben sind. Ein volles Verständnis setzt voraus, daß der Untersuchungsgegenstand im Kontext dieser disparaten Einflüsse interpretiert wird. Von grundlegender Bedeutung sind in diesem Zusammenhang die Handelsbeziehungen, welche die einzelnen Staaten vor der Einigung Italiens mit den sich industrialisierenden Ländern in Mittel- und Nordeuropa unterhielten. Ihre Nachfrage nach Rohstoffen sowie ihr Angebot von Fertiggütern stiegen zunehmend rascher, zuerst (in den Jahrzehnten nach 1815) zum Vorteil der Exporteure von Grundstoffen. Dies führte zu einer Situation, in der für Seidenproduzenten in Norditalien, Strohhutmacher in der Toskana und Produzenten von Weizen, Öl, Wein und Zitrusfrüchten im Süden beträchtliche Gewinne möglich waren. Dies kam auch den beteiligten Bankiers und Kaufleuten zugute sowie den Exporteuren von Fertiggütern. Das größte Exportland war Großbritannien, das mit großer Entschlossenheit und geschickter Diplomatie versuchte, »ein Geflecht von wirtschaftlichen Beziehungen« aufzubauen, »das den Protektionismus in Europa überwinden sollte«, vor allem bei den »zweitklassigen« Handelsnationen, die daraus keinen Nutzen zogen. Eine solche Nation war das Königreich Sardinien, der einzige italienische Staat, der eine unabhängige Außenpolitik verfolgen konnte. Dort, wo es keinen beiderseitigen Vorteil gab, verfolgten die mächtigeren Nationen ihre Ziele mit anderen Mitteln, darunter die Einführung hoher Zölle oder sogar die Drohung mit einer militärischen Intervention wie im Fall des britischen Widerstands gegen den Vertrag zwischen König Ferdinand II. von Sizilien und einer französischen Handelsgesellschaft, der dieser das alleinige Verkaufsrecht für sizilianischen Schwefel (die Insel besaß ein natürliches Schwefelmonopol) zusicherte. Der britische Widerstand führte zur Aufgabe des Geschäfts und zur Verpflichtung der Gesellschaft, eine Schwefelsäuranlage auf der Insel zu gründen.

Die innere Situation der einzelnen Staaten war zudem der industriellen Entwicklung kaum förderlich, aus den oben genannten Gründen und auf Grund der äußerst begrenzten Binnennachfrage, die selbst ein Ergebnis der weitverbreiteten Armut in den Städten und der fast inexistenten Kaufkraft der Bauern war. Diese Bedingungen konnten nicht über Nacht verändert werden. Die übervorsichtige Haltung der adligen und bürgerlichen Grundbesitzer, die keineswegs von Says Gesetz überzeugt waren, wonach »Angebot Nachfrage erzeugt«, spielte ebenfalls eine wichtige Rolle, da in ihren Händen die meisten Reichtümer des Landes konzentriert waren. Wie Gerschenkron betonte, »kann die bloße Existenz angehäuften Reichtums nur dann zur Industrialisierung beitragen, wenn er sich in den Händen von Menschen befindet, die bereit sind, in risikoreiche Unternehmungen zu investieren oder dieses Vermögen Menschen anzuvertrauen, die direkt an der Industrialisierung beteiligt sind«.[12]

Und schließlich sollten wir das Verkehrswesen nicht vergessen. Das betrifft die Qualität der Straßen und Kanäle, insbesondere im Süden, nicht so sehr die Seeschiffahrt. Seit 1839 rollte auch die Eisenbahn, aber noch 1861 gab es nur wenig mehr als 2000 Kilometer Schienenwege (75 Prozent im Norden, 19,5 Prozent in Mittelitalien und 5,5 Prozent im Süden, konzentriert in Kampanien).

Es gab allerdings einige Ausnahmen von diesem allgemeinen Trend. Ende des achtzehnten Jahrhunderts hatte die internationale Nachfrage zu einer Erholung im Bergbau, in der Landwirtschaft (auf die sich die Reformpolitik der absolutistischen Monarchien in den einzelnen Staaten konzentriert hatte) und allgemein im Handel geführt. Die kurze französische Besetzung Italiens hatte in verschiedenen Teilen des Landes frischen Wind in die Wirtschaft und Gesellschaft gebracht. Nach 1815 gab es konzertierte Anstrengungen von seiten der wichtigsten Grundbesitzer, um Verbesserungen der Anbautechniken und Kulturen auf dem Land einzuführen, mit unterschiedlichem Erfolg. Im Norden nahm die kapitalistisch geführte Landwirtschaft zu, ebenso rationalere Methoden des Fruchtwechsels. Diese wiederum führten zu Verbesserungen der Stallhaltung und der gewinnträchtigen

Milch- und Käseindustrie. Die ersten einfachen landwirtschaftlichen Maschinen kamen in Gebrauch, und es fand eine beeindruckende Ausbreitung der Maulbeerbaumpflanzungen und der damit verbundenen Seidengewerbe am Fuße der Alpen statt. In Mittelitalien, im Großherzogtum Toskana, wurde in großem Stil Land urbar gemacht und die Produktion von Stroh für Strohhüte stieg an, während in den nordöstlichen Regionen des Kirchenstaats der Hanfanbau zunahm und rationeller organisiert wurde. Der Süden erlebte eine Zunahme des Zitrusfrüchteanbaus, von Weingärten und Olivenhainen. All dies läßt sich am generellen Anstieg der Exporte ablesen, wobei daran erinnert werden sollte, daß die Zahlen für 1861 eine Pro-Kopf-Ausfuhr (wertmäßig) in den beiden nördlichen Staaten zeigen, die bei weitem über den Zahlen aller anderen lag.

Diese Verbesserungen und Innovationen unterschieden sich in ihrem Wert und ihrer Bedeutung sehr stark, nicht nur wegen der deutlichen geographischen und natürlichen Unterschiede, sondern auch wegen der ungewöhnlichen Beziehung zwischen Landwirtschaft und Industrie. Wir haben bereits das Interesse der Großgrundbesitzer, insbesondere in den beiden größten Staaten Norditaliens, an landwirtschaftlichen Innovationen erwähnt (vor allem, wenn auch nicht ausschließlich, in der Seidenraupenzucht), und – als Folge davon – die Suche nach neuen internationalen Märkten.

Eine quantitative Gesamteinschätzung dieser Tendenzen für die italienischen Staaten vor der politischen Einigung ist im Augenblick unmöglich. Aber sie ist auch nicht möglich für das geeinte Italien angesichts der Mängel und taxonomischen Vereinfachungen der Volkszählung von 1861, der zufolge beispielsweise das Königreich beider Sizilien den höchsten Anteil von Arbeitern in Industrie und Gewerbe hatte (27 Prozent), vor Lombardei-Venetien (20,9 Prozent) und dem Königreich Sardinien (13,2 Prozent). Tatsächlich waren sich die mit dem Zensus befaßten Beamten dieser Mängel durchaus bewußt: »Die gewerblich tätige Bevölkerung in den südlichen Provinzen und in Sizilien scheint am zahlreichsten zu sein, nicht etwa, weil diese Provinzen mehr Gewerbe und Industrien haben, sondern weil fast alle Einwohner in großen Städten leben, so daß sie, welches Handwerk oder Gewerbe sie auch ausüben mögen, stets als Beschäftigte in Industrie oder Gewerbe betrachtet werden.«[13]

Die Zahlen mögen indes nicht weit von der Wahrheit entfernt sein. Tatsächlich ist es ganz vernünftig anzunehmen, daß die Zahlen jene Bauern einschlossen, die in städtischen Gebieten lebten und in Heimarbeit tätig waren, so daß das eigentliche und möglicherweise unlösbare Problem darin besteht, wie man zwischen Produktion für persönlichen Verbrauch (zweifellos sehr hoch im Süden), Heimarbeit für Verleger und Fabrikbeschäftigung unterscheiden kann. Fabrikarbeit war bedeutend in Piemont und in der Lombardei im Seidengewerbe, wo der bäuerliche Seidenarbeiter vorherrschte.

Es scheint recht unwahrscheinlich, daß diese halbherzigen Entwicklungen eine Bewegung hätten hervorbringen können, die stark genug gewesen wäre, um die Unabhängigkeit und politische Einigung Italiens zu fordern. Dies war vielmehr das etwas romantische und konfuse Programm einer Handvoll wichtiger Intellektueller und einer Sammlungsbewegung von Demokraten und Republikanern. Obwohl nur ein kleiner Teil der unteren Mittelschichten und der städtischen Intelligenz sie unterstützte, wurde die Einigung Wirklichkeit mit Garibaldis unerschrockenem Zug nach Süditalien, der die Höfe Europas vor ein Ultimatum stellte. Das Verdienst für die erfolgreiche Lösung dieser Situation kam freilich vor allem Cavour zu, der die piemontesische Armee in den Süden entsandte: Damit gewann er die Unterstützung der ausländischen Verbündeten (die das Habsburgerreich schwächen und auf diese Weise verhindern wollten, daß die Ereignisse eine »revolutionäre Wendung« nahmen) und der Großgrundbesitzer (hauptsächlich im Süden), die ebenfalls daran interessiert waren, jede Bedrohung der gesellschaftlichen Ordnung zu vermeiden.

Ein *politisches* Ereignis, die Geburt eines neuen Staates, schuf mithin eine neue Grundlage für die wirtschaftliche Entwicklung Italiens. Dies bildete das *zweite relevante Stadium* der Geschichte der italienischen Industrialisierung. In einer unveränderten sozioökonomischen Situation wurde der Staat Italiens »Hauptfinancier«: Er nutzte die riesige Staatsschuld (Binnen- und Außenschuld), um den Aufbau wichtiger Infrastrukturen zu finanzieren. Die Schuldenlast war Ende des Jahrhunderts auf fast 100 Prozent des Bruttoinlandsprodukts (BIP) angewachsen. Der Staat gesellte sich als Schlüsselakteur zu den anderen im internationalen Handel innerhalb des neuen ökonomischen Rahmens der industriellen Unternehmungen bereits vorhandenen Akteuren (Großgrundbesitzer, Financiers und Bankiers). Der Staat war jedoch nicht neutral. Von Anfang an war klar, daß seine Politik sich vollständig mit den Idealen und Interessen der Gesellschaftsschichten deckte, die seine Schaffung und Gründung bestimmt hatten – die Großgrundbesitzer und die großen italienischen und europäischen Financiers. Diese Politik bestand vor allem in der Aufblähung der öffentlichen Schuld, um die direkte Besteuerung von Besitz niedrig zu halten und sich statt dessen auf indirekte Steuern zu konzentrieren; des weiteren im Verkauf von staatlichem und kirchlichem Besitz, der Verpachtung des Tabakmonopols und des Steuereinzugs, einer Gewinngarantie pro Kilometer Schienenweg für die Gesellschaften, welche die neuen Eisenbahnen bauen und leiten sollten. Sie umfaßte die Niederschlagung der Bauernaufstände im Süden, die fast vollständige Öffnung des Landes für den internationalen Handel und die Gewährung von weitreichenden (wenn auch umstrittenen) Rechten an die Banca Nazionale (und praktisch auch an die Privatbankiers, die deren Aktionäre waren), um über die Kreditpolitik zu entscheiden und die Funktion eines Bürgen und Vermittlers zwischen dem Land und den wichtigsten in Italien tätigen europäischen Financiers zu übernehmen.

Dies ging einher mit dem anhaltenden systematischen Zögern privater Vermögen, in den gewerblichen und industriellen Sektor zu investieren, ein verständliches Mißtrauen angesichts des hohen Risikos und der chronischen Stagnation des Binnenmarktes. Der einflußreiche Politiker De Cesare stand mit seiner Meinung keineswegs allein, als er vor dem Parlament erklärte (vielleicht ohne zu wissen, daß er eine Äußerung paraphrasierte, die Cobden viele Jahre zuvor getan hatte): »Ich glaube, das Klima, die Luft, die Sonne und die Landschaft Italiens werden uns immer daran hindern, so berühmt zu werden für unsere Industrie, wie es die Engländer und die Franzosen sind. Wir kämpfen vergebens gegen die Natur und ihre Gesetze.«[14]

Eine solche Meinung beruhte keineswegs einfach nur auf der Kapitalknappheit. Die Bankeinlagen stiegen tatsächlich, selbst wenn man die beträchtlichen Investitionen in den Eisenbahnbau beiseite läßt, in den ersten zwanzig Jahren nach der Einigung von 300 auf 1300 Millionen Lire. Zwischen 1867 und 1879 wurden über 530 Millionen Lire für den Kauf säkularisierter Kirchengüter aufgewendet, und während der 1860er Jahre trafen die Schatzbriefe auf dem *Binnenmarkt* auf eine Nachfrage, die fünf- oder zehnmal höher lag als die Zahl der ausgegebenen Papiere. Der Erwerb ausländischer Staatspapiere, über den wir sehr wenig wissen, war ebenfalls beträchtlich. Diese wenigen Beispiele geben eine gewisse Vorstellung von den großen finanziellen Ressourcen, die in Italien über die vorangegangenen Jahrhunderte hinweg angehäuft worden waren, Vermögen, die zum Teil vielleicht in Grundbesitz angelegt oder durch den Erwerb von Luxusgütern verschwendet worden waren. All dies läßt starken Zweifel an der Richtigkeit der verfügbaren Schätzungen des Volksvermögens aufkommen.

Es wurden indes unverkennbare Fortschritte gemacht. Die finanzielle Infrastruktur wurde modernisiert; die Ersetzung der Münzen (nicht jedoch der Schecks) durch Papiergeld wurde rasch vollzogen, und der Export von Seide (über 25 Prozent der gesamten Ausfuhren), landwirtschaftlichen Produkten und Erzen half, das Handelsdefizit in vernünftigen

Grenzen zu halten (obwohl die *Terms of Trade* sich langsam verschlechterten).

Die Zahl der ausländischen Unternehmer, die in den industriellen Sektor investierten, fiel nach 1861 beträchtlich; sie zogen es meist vor, ihr Kapital in den Bergbau oder in öffentliche Dienstleistungen zu investieren. Trotz dieses Rückgangs gelang es der Industrie, zu überleben und in einigen Subsektoren sogar aufzublühen. Dies lag an der Entschlossenheit der italienischen Industriellen, an den Löhnen, die niedriger waren als in den meisten anderen Ländern; aber es wurde auch bewirkt durch einen indirekten Protektionismus – den festen Wechselkurs der Lira (1866 eingeführt und erst 1883 aufgehoben) – sowie durch Regierungsaufträge und Verbesserungen bei den Infrastrukturen.

Zahlen über das Produktionsniveau wären ein guter Maßstab für eine Einschätzung der Gesamtsituation. Aber viele bisherige Versuche, verläßliche Zahlen für diesen Zeitraum zu erhalten, »machen die Interpretation des Verlaufsmusters der Industrialisierung eher schwieriger als einfacher, denn sie kommen zu unterschiedlichen Ergebnissen, und keines ist hinsichtlich der Quellenbasis und der angewandten Methode so deutlich zuverlässiger als die anderen, daß man es akzeptieren könnte«.[15] Wir möchten diese Ansicht nicht bestreiten, aber die neueste Schätzung von Albert Carreras scheint geringere Zweifel zu wecken als die anderen. Sie deutet auf Stagnation bis zum Ende der 1870er Jahre hin, auf ein stetiges und mäßiges Wachstum im folgenden Jahrzehnt und einen deutlichen Anstieg von Mitte der 1890er Jahre bis zum Ersten Weltkrieg.[16] Das über mehrere Jahrzehnte scheinbar nicht beeindruckende Wachstum verbirgt jedenfalls einige wichtige Tatsachen. Beispielsweise ist die Zahl der Industriearbeiter von 1861 bis 1881 um vielleicht 70 Prozent gestiegen, und, was noch wichtiger ist, in diesem Zeitraum wuchs das in der Industrie investierte Anlagekapital. Man schätzt beispielsweise, daß in den Seidenspinnereien und -zwirnereien 1881 1800000 Spindeln in Betrieb waren, 800000 in der Baumwollindustrie, 300000 in der Produktion von Wollstoffen, 60000 in der Hanf- und Leinenproduktion. Auch die Zahl mechanisch betriebener Webstühle nahm beträchtlich zu. Ein ähnlicher Trend läßt sich in der Papierherstellung feststellen, wo die Zahl von »Dauerpressen« auf 95 gestiegen war, im Drucksektor und im Maschinenbau (obgleich über zwei Drittel der Aufträge der Marine immer noch an ausländische Firmen vergeben wurden), während die Gesamtkapazität stationärer Dampfmaschinen in Pferdestärken (mit Sicherheit eine zu niedrige Schätzung) bei 35000 PS lag (verglichen mit 450000 PS der mit Wasserkraft betriebenen Maschinen). Auch die ersten beiden Siemens-Martin-Öfen wurden in Betrieb genommen. Die Industrie wuchs zudem schneller als die anderen sekundären Sektoren (handwerkliche Produktion, Heimgewerbe, Manufakturen), aber innerhalb des industriellen Sektors gab es nur geringe Veränderungen: Textilien und Nahrungsmittel beschäftigten zwei Drittel der in diesem Sektor tätigen Arbeitskräfte und hatten wahrscheinlich einen ähnlichen Anteil an der Wertschöpfung. Gleichzeitig konzentrierte sich die Industrie noch mehr im Nordwesten des Landes, und der Abstand zwischen Italien und den anderen sich industrialisierenden Ländern wuchs weiter hinsichtlich des Volumens und des Wertes der Produktion, der Spezialisierung, der Technologie und der Zahl der Arbeiter. Dies trotz der ersten Experimente im industriellen Sektor mit Aktiengesellschaften, der effizientesten Gesellschaftsform für die Beschaffung von Risikokapital (1880 belief sich das Kapital der 189 Aktiengesellschaften in diesem Sektor auf 215 Millionen Lire, 18 Prozent des gesamten Kapitals aller Aktiengesellschaften) und mit den ersten Unternehmer- und Arbeitervereinigungen.

Zu Beginn der 1880er Jahre wurde Italiens prekäres Gleichgewicht tief erschüttert durch ein »externes« Ereignis und durch ein sehr wichtiges (wenn auch nicht für sich genommen »revolutionäres«) Gesetz der Regierung: die Krise der Landwirtschaft und die Entscheidung von 1881, den festen Wechselkurs der Lira abzuschaffen. Die Agrarkrise warf ungeheure Probleme auf und schwächte (trotz aller ge-

genteiligen Bemühungen) die Macht der Großgrundbesitzer empfindlich – besonders im Süden, aber auch in Nord- und Mittelitalien. Der Regierungsbeschluß beendete eine Phase, in der der feste Wechselkurs den Einfluß der bereits mächtigen Bank- und Finanzinteressen auf die Wirtschaft und die Wirtschaftspolitik weiter vergrößert hatte. Zwischen 1861 und 1881 war die private und öffentliche Kreditaufnahme um 190 Prozent gestiegen, weit stärker als jede nur denkbare Zunahme des BIP. Die Kreditaufnahme und die Investitionen der Regierung waren von 27,3 Prozent auf 51,9 Prozent angewachsen, und die Anleihen bei Finanzmaklern waren von 9,1 Prozent auf 18,5 Prozent gestiegen. Um diese Operationen abzudecken, handelte die Regierung einen Barkredit in Höhe von 750 Millionen Lire mit einem Syndikat großer englischer und italienischer Banken (darunter der Banca Nazionale) aus. Obwohl dies sicher eine heilsame Maßnahme war, zumindest kurzfristig, bewirkte sie zugleich einen Anstieg der Inflation – eine Folge der Politik der Notenbank, der steigenden Ausgaben der zentralen und lokalen Regierungen und eines wachsenden Defizits im Staatshaushalt, das nach einem Rückgang in den Jahren 1870–1880 wieder zu steigen begonnen hatte. Wie im Jahrzehnt nach der Einigung Italiens war diese Strategie als solche nicht zum Schaden der »Magie des Kredits«. Auf der anderen Seite ist es nicht abwegig zu behaupten, daß diese Politik vom italienischen Premierminister Agostino Depretis als ein Mittel gedacht war, die zunehmenden Konflikte zwischen den wichtigsten herrschenden Gruppen in Italiens Wirtschaft und Gesellschaft zu beenden; es sollte ihn bei seinem ehrgeizigen Versuch unterstützen, die traditionellen Parteien zu reorganisieren und zu konzentrieren, um die Regierungskoalition zu stärken – eine später als *trasformismo* bekannt gewordene Strategie.

Zumindest was die ökonomische Expansion betraf, schien der Operation Erfolg beschieden zu sein. Ein beträchtlicher Teil der Ausgaben der lokalen und der zentralen Regierung wurde in eine zweite Welle großer öffentlicher Werke gelenkt, die nicht nur die Investitionen von Anlagekapital beträchtlich steigerten, sondern auch zu einem ähnlichen Anstieg der allgemeinen Nachfrage und der Löhne führten. Die Militärausgaben waren eine Zeitlang gestiegen, die Aufträge wurden nun zunehmend an italienische Firmen erteilt und führten zur Expansion in einigen industriellen Sektoren. Dieser allgemeine Trend wurde gestärkt durch die finanziellen Anreize der Regierung, die sie 1884 für den Bau der Fabrik in Terni gewährte, dem ersten großen italienischen Stahlwerk, das Eisenbahnschienen und Schiffsrümpfe herstellte. Die 1885 geschlossenen Verträge mit Eisenbahngesellschaften verpflichteten diese, ihre Betriebsmittel und Ausrüstung von einheimischen Zulieferern zu erwerben, wenn deren Preise diejenigen der ausländischen Konkurrenten nicht um mehr als 5 Prozent überstiegen. Die neuen Zollgesetze von 1887 führten zudem Schutzzölle für Stahl und Textilien ein (außerdem für Weizen, ein Erfolg für die Grundbesitzer, der allerdings mehr auf dem Papier stand). Sie sollten die Ansiedlung von Niederlassungen ausländischer Firmen in Italien selbst fördern, wofür es auch einige Hinweise gibt. Die neuen Zolltarife regten auch neue Initiativen und Investitionen von Seiten italienischer Unternehmer an. Die Zahl der Baumwollspindeln verdoppelte sich beinahe in der Zeit von 1880 bis 1891, die Zahl der Siemens-Martin-Öfen stieg auf achtzehn, es wurden mehr Lokomotiven gebaut, und 1883 begann in Mailand das erste Elektrizitätswerk zu arbeiten.

Dieses neue wirtschaftliche Klima führte zu einem Anstieg der Produktion im sekundären Sektor, insbesondere im dynamischeren industriellen Subsektor, dem in der Volkswirtschaft ein »Sprung« gelang. Das günstige industrielle Klima begann sich 1888 plötzlich zu verflüchtigen, in dem Jahr, in dem die neuen Zolltarife in Kraft traten. Mehr noch als die Abschaffung des festen Wechselkurses waren es die überhöhten Ausgaben der zentralen und lokalen Regierungen und die Bauspekulation, die katastrophale Ergebnisse zu zeitigen begannen. Sie führten das Land zusammen mit anderen Faktoren in eine lange Periode politischer und institutioneller Instabilität. Es hatte mindestens seit 1884 warnende

Anzeichen gegeben wie den wiederholt sehr hohen Goldkurs, die illegale Aufblähung der Papiergeldmenge und des Kreditvolumens (konjunkturbedingt und nicht ohne stillschweigende Billigung der Regierung) und den stetigen Transfer von Einlagen von den Banken zu den sichereren Sparkassen, den Abzug von viel ausländischem Kapital als Reaktion auf das neue monetäre Regime, die Reduktion der Goldreserven auf Grund der steigenden Kosten für die ausländischen Kredite zur Deckung des Haushaltsdefizits. Es gab nicht nur eine Ursache für diese katastrophale Situation, und es wäre zu einfach, sie nur als Ergebnis schwerer Fehler der Regierenden anzusehen. Dennoch ist wahr, daß die Banken zu weit gegangen waren in ihrer Praxis, »allen und jedermann Kredit zu geben«, um nicht die »Aktionäre einer annehmbaren Dividende zu berauben«, Praktiken, die »vielleicht verhinderten, daß die Regierungsaufsicht über die Banktätigkeit ordnungsgemäß durchgeführt wurde«.[17]

Der Handelskrieg mit Frankreich, der durch die Einführung der Schutzzölle vom Zaun gebrochen wurde, trieb die Situation auf die Spitze. Es kam zu einem völligen Zusammenbruch der Exporte nach Frankreich, insbesondere der landwirtschaftlichen Erzeugnisse aus dem Süden, und dies machte es den Bauern und Landbesitzern unmöglich, die Kredite zurückzuzahlen, die sie aufgenommen hatten, um in den Anbau von speziellen Kulturen zu investieren. Dies wiederum brachte das Banksystem zum Erliegen und stürzte viele Gebiete des Südens in eine tiefe Krise. Gleichzeitig befanden sich die Banken, die sich auf ungezügelte Spekulation in der Bauindustrie eingelassen hatten, besonders in Rom und Neapel, wegen des Einbruchs der Grundstücks- und Häuserpreise in einer ähnlichen Situation. Die beiden Hauptübeltäter, der Credito Mobiliare und die Banca Generale, schlossen bald, und das Schatzamt und die Notenbanken mußten die Scherben des Debakels zusammenkehren. Die Krise breitete sich rasch und dramatisch aus. Bemerkenswert ist überdies, daß die Großgrundbesitzer, die ebenfalls in Schwierigkeiten waren, und die aufstrebende Gruppe von

Industriellen so lange schwiegen und nicht zu realisieren schienen, daß es dringend nötig war, gegen die Politik der Regierung und der großen Finanzgruppen zu protestieren. Wie eine wichtige Londoner Zeitschrift schon 1881 warnte, brauchte Italien »eine Koalition von ehrbaren Patrioten und vernünftigen Bürgern, die stark genug ist, das Land vom Ballast eines Bankensystems zu befreien, das die Produktion erstickt, indem sie dieser ihren Reichtum aussaugt«.[18]

Durch eine hastige Kehrtwende in der Regierungspolitik (ein weiterer *politischer* Schritt, der wichtige Veränderungen für die Wirtschaft des Landes mit sich brachte) gelang es, eine größere Bankenkrise abzuwenden. Die Zahl der Emissionsbanken wurde auf drei reduziert, und die Verbindungen zwischen der 1893 neugegründeten Banca d'Italia und dem Privatsektor wurden gekappt; der feste Wechselkurs wurde wieder eingeführt. Die größten Privatbanken, die weitgehend für die Krise verantwortlich waren, wurden geschlossen, und mit wesentlicher Unterstützung deutscher Financiers stiegen die Banca Commerciale Italiana und der Credito Italiano aus der Asche und sollten Italiens wichtigste Geschäftsbanken für das kurz- und langfristige Kreditgeschäft werden.

Als ein Ergebnis dieser Maßnahmen, aber auch dank der internationalen wirtschaftlichen Erholung, die 1896 begann und wieder Vertrauen in die konjunkturelle Entwicklung schuf, trat Italien ohne Vorwarnung in das *dritte relevante Stadium* seiner industriellen Entwicklung. Im Zeitraum von 1893 bis 1913 zeigte keiner der ökonomischen Indikatoren einen Abwärtstrend, und die Indikatoren für den industriellen Sektor waren am günstigsten. Es kam zu einer bedeutenden Zusammenballung von Innovationen des Produktionsprozesses und der Erzeugnisse. Der Regierungsbeschluß, die einheimische Nutzung der reichen Eisenerzvorkommen auf Elba zu fördern, überzeugte eine italienisch-französische Gruppe, 1902 in Portoferraio eine mit Koks befeuerte Hütte zur Erzeugung von Gußeisen zu bauen, die erste Hütte dieser Art in Italien, zweihundert Jahre nach der Erfindung des Produktionsverfahrens. Die hydroelektrische Industrie wuchs enorm, und die Produktion von Kalziumkarbid, Kalkstickstoff und Kunstseide begann. Die ersten Fahrrad-, Motorrad- und Automobilfabriken entstanden (Fiat wurde 1899 gegründet), und in Lardarello errichtete Fürst Ginori Conti das einzige Elektrizitätswerk in der Welt, das erfolgreich Strom aus heißem Erdgas gewann. Aber diese Beispiele sagen nicht alles. Sie schließen nicht die weniger kapitalintensiven Sektoren ein wie die Lederherstellung und Gerberei, die Tuchproduktion und Holzindustrie, die Glas- und Keramikherstellung, die Nahrungsmittel- und Teile der Textilindustrie, die alle Fortschritte hinsichtlich der Qualität und Quantität ihrer Erzeugnisse machten. Und sie berücksichtigen nicht die allgemeine Tendenz zur Zunahme der Gesamtzahl der Firmen – mit oder ohne Maschinen – im ganzen Land, eine Tendenz, die selbstverständlich keine rein italienische (oder innovative) Entwicklung war. Bis zu einem gewissen Grad traten sie nur in die Fußstapfen der größeren Industrien, doch andererseits wurde diese Entwicklung aktiv gefördert und beruhte auf den reichen natürlichen und menschlichen Ressourcen, die im Land verfügbar waren. Dies war auch das Ergebnis einheimischer Faktoren wie der familiären und regionalen Verbundenheit, der Fähigkeit zu Präzisionsarbeit und der Bereitschaft zu langer Arbeitszeit, sowie der Fähigkeit, die einzelnen Produktionsphasen aufeinander abzustimmen. Dies war ein gemeinsames gewachsenes Erbe, das in dieser Zeit rascher Entwicklung nicht verlorengegangen war. Es widerstand dem raschen Wandel, überlebte aber auch deshalb, weil es sich an die Realitäten der neuen Situation anzupassen verstand, die von neuen industriellen Giganten bestimmt war (insbesondere in der Stromerzeugung, im Maschinenbau, den Zuckerraffinerien, der Automobil- und Gummiproduktion), die bereits begonnen hatten, auf die Konzentration von Produktion und Technik hinzuarbeiten.

Die Zunahme an Arbeitskräften und Investititionen ist offensichtlich, läßt sich jedoch schwierig quantifizieren. Verläßliche Zahlen für die Arbeitskräfte gibt es erst ab 1911, mit der ersten statistischen Erhebung in der Industrie. In diesem Jahr waren 2 043 609 Menschen in der Fertigungsindustrie beschäftigt, 128 182 im Baugewerbe, 24 187 in Gas-, Elektrizitäts- und Wasserwerken und weitere 667 888 Menschen in der handwerklichen Produktion. Die Gewerkschaftsbewegung hatte sich ebenfalls entwickelt. Die erste landesweite Gewerkschaft, die Confederazione Generale del Lavoro (CGdL) wurde 1905 gegründet und zählte 1914 zusammen mit anderen kleineren Gewerkschaften 500 000 Mitglieder. Im Jahr 1910 wurde der italienische Industriellenverband gegründet. Auch dies waren Zeichen einer zunehmenden Modernisierung und sollte bedeutsame Auswirkungen auf die wirtschaftliche und soziale Entwicklung des Landes haben.

Tendenzen bei der Investitionstätigkeit können bis zu einem gewissen Grad auch an der Zunahme der Zahl und des Kapitals der Aktiengesellschaften abgelesen werden. Diese Zahlen geben auch Hinweise auf die Bedeutung dieser Gesellschaftsform in Italien insgesamt.

Die Finanzierungsmethoden, die weiterhin vom Eigenkapital bestimmt waren, begannen sich zu differenzieren und spezialisierter zu werden. Die Zahl der Industriegesellschaften, die an der Mailänder Börse notiert wurden, stieg von 50 im Jahr 1897 auf 188 im Jahr 1914, und Anleihe-Emissionen wurden zunehmend gebräuchlich. Indirekt nahmen die Geldüberweisungen von Emigranten in das Heimatland – die von 225 Millionen Lire im Jahr 1897 auf 727 Millionen im Jahr 1913 anstiegen – und ausländische Devisen, die durch den expandierenden (Eliten-)Tourismus ins Land gebracht wurden, an Bedeutung zu. Dank dieser indirekten Finanzquellen konnte die Zahlungsbilanz, die mit den Kosten der für die Industrie notwendigen und in Italien nicht vorhandenen Rohstoffe zu kämpfen hatte, ausgeglichen werden. Ausländisches Kapital, insbesondere (aber nicht ausschließlich) deutsches, spielte weiterhin eine wichtige Rolle. Es ist jedoch auch klar, daß die im kurz- und langfristigen Kreditgeschäft tätigen Geschäftsbanken in dieser Zeit durch eine Reihe von unterschiedlichen Techniken eine führende Rolle in der In-

dustrie zu spielen begannen. Zu den Formen der Einflußnahme gehörten der Aktienhandel, die mittel- bis langfristige Finanzierung von Gesellschaften, die Plazierung von
leitenden Angestellten der Bank im Vorstand einer Gesellschaft, die nichtoffizielle Präsenz bei Hauptversammlungen
beispielsweise durch den Erwerb eines Stimmenblocks mit
Hilfe von Aktionärsvollmachten oder die mehr oder weniger
heimliche Beteiligung an risikoreichen Spekulationsgeschäf-
ten, die beträchtlich zur großen Finanz- und Börsenkrise von
1907 beitrugen. Das Resultat war die Bildung einer Reihe von
Finanzimperien, die um 1914 ungefähr 30 Prozent des in Aktiengesellschaften investierten Kapitals kontrollierten. All
dies ändert jedoch nichts an der Tatsache, daß »die Tendenz
der Banca Commerciale und des Credito Italiano, sich auf
den einheimischen Markt zu konzentrieren und die italienische Industrie mit Finanzmitteln zu versorgen, von wesentlicher Bedeutung für die Industrialisierung des Landes war«.[19]

Die Industrialisierung war außerdem durch eine wesentliche Veränderung der Wirtschaftspolitik der Regierung gefördert worden. Einige frühe Anzeichen für diese Veränderung
lassen sich an politischen Entscheidungen am Ende des neunzehnten Jahrhunderts ablesen, aber sie sollten als Teil einer
unterschiedlichen Gesamtstrategie gesehen werden, die in
den ersten Jahren unseres Jahrhunderts verfolgt wurde.
Diese Politik konnte auf den wichtigen Veränderungen in
den Beziehungen zwischen den einzelnen sozialen Gruppen
und Klassen aufbauen. Die Wirtschafts-, Finanz- und Sozial-
politik kehrten frühere Orientierungen um und machten die
Industrie zu ihrer ersten Priorität. Beispiele für diese Politik
war die Entscheidung, die Staatsanleihen zu beschränken,
die Senkung der Steuern auf Privatbesitz, das Gesetz von
1906 über die Umwandlung der Staatsschuld, die Sonderge-
setze für Neapel von 1904 und die gesetzliche Anerkennung
der Arbeiterorganisationen und von Arbeitskämpfen, die zu
einem Anstieg der Löhne, aber auch zur Rationalisierung industrieller Investitionen führte. Im Einklang mit dieser Politik wurden die Eisenbahnen 1905 verstaatlicht. Unmittelbar

darauf wurde ein beträchtlicher Teil der Zahlungen an Besitzer von Eisenbahnaktien in mehreren wesentlichen Sektoren, insbesondere der Elektrizitätserzeugung, reinvestiert. Zur gleichen Zeit lancierte die Regierung ein Erneuerungsprogramm für das gesamte Streckennetz und den Maschinenpark der Eisenbahnen, wobei die meisten Aufträge an italienische Gesellschaften vergeben wurden. Auch größere Militärausgaben wurden getätigt – über 300 Millionen Lire wurden jedes Jahr ausgegeben, ungefähr ein Drittel des wertmäßigen Outputs der Maschinenbauindustrie.

In Einklang mit der internationalen und öffentlichen Nachfrage stieg auch die private Nachfrage stetig, wenn auch nicht sprunghaft an. Dies war das Ergebnis wachsender industrieller Beschäftigung und steigender Löhne, der weiter gehenden Expansion der Anlagekapitalinvestitionen, der Überweisungen von Emigranten und des Anstiegs der landwirtschaftlichen Produktion, die im ersten Jahrzehnt des zwanzigsten Jahrhunderts ihren Höhepunkt hatte, aufgrund der starke Zunahme der Mechanisierung in der Anwendung von chemischem Dünger insbesondere in der Poebene.

Es ist mithin plausibel, daß die Produktion im sekundären Sektor, der nunmehr zu einem Großteil von der Industrie im eigentlichen Sinn gebildet wurde, sich mit der Zuwachsrate entwickelte, die Carreras Schätzungen nahelegen: Nimmt man für 1929 einen Wert von 100 an, so lag sie 1897 bei 26,91, im Jahr 1907 bei 52,93 und 1916 bei 61,45. Der quantitative Sprung hatte noch andere wichtige Merkmale, darunter nicht zuletzt den Übergang zur zweiten Phase der historischen Industrialisierung entsprechend Hoffmans Modell, wonach es zu einem plötzlichen Mißverhältnis zwischen dem Wert der Produktion von Konsumgütern und dem von Investitionsgütern kommt: In Italien fiel das Verhältnis tatsächlich von 4,82:1 im Jahr 1898 auf 1,8:1 im Jahr 1912.

Wenn wir diese radikalen und raschen Veränderungen im Blick behalten, zusammen mit Vergleichszahlen über einige wesentliche italienische Erzeugnisse im Jahr 1913 (siehe Tabelle 1), so ist unbestreitbar, daß sich in Italien am Ende des neunzehnten Jahrhunderts bedeutende Veränderungen anbahnten und daß es sich 1914 eine industrialisierte Nation nennen konnte. Seine Infrastruktur und Produktionskapazität lagen zweifelsohne deutlich unter dem Niveau der fortgeschrittenen Länder, entsprachen aber dem der nachfolgenden Nationen. Man muß darauf hinweisen, daß der Begriff »industrialisierte Nation« keinesfalls ein Synonym für »Industriegesellschaft« ist: eine solche Stellung konnte erst nach einer langen Konfrontation mit einer Welt von Maschinen, Fabriken, Unternehmern und Arbeitern, samt deren Organisationen und ihrem Kampf um Märkte erreicht werden.

Aus langfristiger Perspektive sieht es so aus, daß Italiens »Wirtschaftswunder« nicht nach dem Zweiten Weltkrieg stattfand, sondern in den ersten fünfzehn Jahren des zwanzigsten Jahrhunderts, als die Industrialisierung des Landes eine wichtige Rolle in dem entscheidenden Strukturwandel spielte, der Italien auf den Weg von der Peripherie ins Zentrum drängte.

Im Hinblick auf die Industrielle Revolution ist gesagt worden, Großbritannien und die Generationen, die das »Glück« hatten, Protagonisten dieses Prozesses zu sein, seien die Nutznießer eines »riesigen freien Mittagstischs« gewesen.[20] Dies scheint unwahrscheinlich und war in Italien gewiß nicht der Fall. Sein »Sprung« ins industrielle Zeitalter wurde nicht nur mit unkalkulierbaren sozialen und menschlichen Kosten durchgeführt (wie übrigens auch anderswo), sondern war auch die mehr oder weniger direkte Ursache spektakulärer Erhebungen, Spaltungen, neuer Konflikte, welche die bereits vorhandenen noch verschlimmerten, und schließlich auch der Grund für eine Kehrtwende in Italiens traditioneller Bündnispolitik.

Die industrielle Spaltung zwischen dem Nordwesten und dem übrigen Italien vertiefte sich ungeheuer, wie die Tabelle 2 zum industriellen Sektor im Jahr 1911 zeigt. Daten und Berechnungen wie diese, obgleich Annäherungswerte und im Fall der Wertschöpfung eher spekulativ, zeigen klare Tendenzen. Der gesamte Süden des Landes, mit Ausnahme Kampa-

Tabelle 1

Italiens Rang in der Weltproduktion
Industrielle Erzeugnisse im Jahr 1913

Erzeugnis	Rang	Erzeugnis	Rang
Kunstfaser	3	Zement	7
Seide	3	Elektrizität	7
Kalkstickstoff	4	Papier	7
Phosphate	4	Stahl	8
Automobile	5		
Rübenzucker	6		
Kalziumkarbid	6		
Schwefelsäure	6		

Quelle: I. Svennilson, Growth and Stagnation in the European Economy, Genf 1954, passim, und ILVA, Altiforni e acciaierie d'Italia, 1897–1947, Bergamo 1948, S. 328–329.

niens, blieb hinsichtlich der industriellen Entwicklung weit hinter dem Nordwesten zurück, der wiederum weit vor dem Nordosten, Mittelitalien und Kampanien lag. Dieses Auseinanderklaffen war kein spezifisches Merkmal Italiens. Doch wie mehrere weitsichtige Kommentatoren vorhersagten, konnte im Norden, Osten und in Mittelitalien der Rückstand aufgeholt werden, während dies im Süden unmöglich war. Das wirkliche »italienische Wirtschaftswunder« hatte wahrscheinlich bereits seine grundlegende Ausprägung erhalten, und sollte diese Kluft samt den damit verbundenen allgemeinen Schwierigkeiten aufrechterhalten. Allerdings ist richtig, daß für dieses Auseinanderdriften Standortüberlegungen der Firmen eine bedeutende Rolle spielten, ebenso wie Erwägungen, die den Umfang der Nachfrage betrafen. Andere Faktoren wie die massive Auswanderung junger Arbeiter und die Wirtschaftspolitik der Regierung, die zweifellos »nördlich« ausgerichtet war, waren ebenfalls wichtig, wobei allerdings daran erinnert werden muß, daß die Wirtschaftspolitik von einer parlamentarischen Mehrheit beschlossen wurde, in der die Lobby des Südens einen beträchtlichen Einfluß ausübte. Dieser Einfluß wurde benutzt als Ausgleich für die harte Unterdrückung der Bauernbewegung, um bedeutende Investitionen in öffentliche Werke in ihren Wahlbezirken, die Senkung der Grundsteuer und eine Verlangsamung der Fertigstellung des neuen Katasters zu erhalten – um, kurz gesagt, die Herrschaft der traditionellen regierenden Gruppen im Süden aufrechtzuerhalten.

Überdies boten sich den Profitjägern und Spekulanten, die mehr oder weniger gezwungen worden waren, ihre glücklichen Jagdgründe der Staatsanleihen, Regierungsaufträge und öffentlichen Bauprogramme aufzugeben, mit der breiten Entwicklung der Industrie neue und verlockende Gelegenheiten: vom Aktienmarkt zu den Großunternehmen und einigen der Großbanken, mit denen sie bald unentwirrbar verfilzt waren.

Schließlich – und dies war wahrscheinlich der schwerwiegendste Preis, den das Land zu zahlen hatte – führte der

Tabelle 2

Der industrielle Sektor in Italien im Jahr 1911

	Nord-westen	Nord-osten	Mittel-italien	Süden (außer Kampanien)	Kampanien	Italien insgesamt
1. Fläche %	20,4	16,4	19,2	38,4	5,6	287764 km²
2. Bevölkerung %	27,3	17,9	16,3	29,0	9,5	34671000 Einwohner
3. Beschäftigte %	50,2	15,7	14,2	13,3	6,6	2082265 Beschäftigte
4. Installierte Pferdestärken (PS)	49,5	16,0	16,0	12,7	5,8	1186526 PS
3.1 Beschäftigte/Fläche	17,9	6,8	6,4	2,4	9,1	
3.2 Beschäftigte/Bevölkerung	11,1	5,1	5,1	2,6	4,5	
4.1 Installierte PS/Fläche	10,0	4,1	4,2	0,9	6,8	
4.2 Installierte PS/Bevölkerung	6,2	3,0	3,2	1,0	3,3	
Wertschöpfung (pro Kopf)						
(a) % pro Fläche	54,7	15,1	14,0	9,7	6,5	3504 Millionen
(b) Lire pro Einwohner	204	84	85	34	69	101

Quelle: V. Zamagni, Industrializzazione e squilibri regionali in Italia, Bologna 1978, S. 226–231, 194–195 und 199.

»Wandel«, der Italien in die industrielle Welt eintreten ließ, zur Überhitzung der sozialen und politischen Konflikte. Auseinandersetzungen zwischen kapitalistischen Unternehmern und Arbeitern oder zwischen Protektionisten und Anhängern des Freihandels waren normal, nicht aber die Feindschaft zwischen Katholiken und Nichtkatholiken, der tiefverwurzelte Konflikt zwischen Frankophilen und Germanophilen, die Auseinandersetzungen zwischen Nationalisten und deren Gegnern und der allgemeine innere Streit, der viele dieser Bewegungen prägte (die Arbeiterbewegung nicht ausgenommen). Dies brachte eine Art *bellum omnium contra omnes* hervor, der auf die Verschlimmerung einer alten Krankheit innerhalb der regierenden Gruppen hindeutete. Das war nicht der *trasformismo*, der zu seiner Zeit als therapeutischer Eingriff angesehen worden war, sondern die Unfähigkeit der herrschenden Gruppen, sich selbst als eine *wirklich* regierende Klasse zu begreifen, als eine Klasse, die in der Lage ist, sich selbst als »allgemeine Klasse« zu denken. Die Gemäßigten waren während des Risorgimento und des Aufbaus des vereinten Staates dazu in der Lage gewesen. Diese Aufgabe überstieg jedoch die Fähigkeiten der industriellen Mittelschichten, wenn diese sie überhaupt als Aufgabe erkannten. Dies gilt insbesondere für die Industriellen des Nordens – trotz der Tatsache, daß sie ihre Fähigkeiten mit dem Aufbau einer soliden Produktionsbasis bewiesen, sichtbare Erfolge erzielt hatten und 1914 in einer Position waren, die es ihnen ermöglichte, ihren Einfluß weiter zu stärken.

Anmerkungen

1   G. Villani, *Croniche*, Venedig 1537, S. 204.

2   Zur Bedeutung des Baugewerbes in der frühen Neuzeit siehe D. Sella, »European industries 1500–1700«, in: C. Cipolla (Hg.), *Fontana Economic History of Europe*, Bd. VIII, London–Cambridge 1972; dt. Übers. »Die gewerbliche Produktion in Europa 1500–1700«, in: C. Cipolla und K. Borchardt (Hg.), *Europäische Wirtschaftsgeschichte*, Bd. 2, Stuttgart–New York 1979, 1983, S. 223–269.

3   Einer der ersten Wirtschaftshistoriker, der die Bedeutung der Nachfrage nach Luxusgütern unterstrich, war C. Cipolla, *Storia economica dell'Europa preindustriale*, Bologna 1974, S. 44–70. Unsere Darstellung der italienischen Wirtschaft unter dem *ancien régime* fußt auf seinem ausgezeichneten, Neuland beschreitenden Artikel, der vor vierzig Jahren veröffentlicht wurde: »The economic decline of Italy«, wieder abgedruckt in: B. Pullan (Hg.), *Crisis and Change in the Venetian Economy in the 16th and 17th Centuries*, London 1988, S. 127–145.

4   S. de Gramont, *Le denier royal. Traicté curieux de l'or et de l'argent*, Paris 1620, S. 189–190; id., *Advis au Roy et aux Monseigneurs de son Conseil pour augmenter les manufactures des draps d'or, d'argent et de soye, et empescher le transport de plus de douze millions de livres tous les ans hors du Royaume*, Paris 1627. Gegen die Einfuhr italienischer Luxuswaren und für die Entwicklung einer nationalen Seidenindustrie in Frankreich argumentierte B. de Laffemas, »Reiglement général pour dresser les manufactures et ouvrages en ce Royaume et couper les cours des draps de soye et autres marchandises qui perdent et ruinent l'Etat«, Paris 1597; B. de Laffemas, »Responce à messieurs de Lyon lesquels veulent empescher rompre le cours des marchandises d'Italie, Paris 1598; B. de Laffemas, »La commission… et éstablissement du commerce général des manufactures en ce Royaume«, Paris 1601; B. de Laffemas, »Advis sur l'usage des passements d'or et d'argent«, Paris 1610.

5   Vgl. P. Massa, *La fabbrica dei velluti genovesi da Genova a Zoagli*, Genua 1981, S. 86–87; C. Poni, »Per la storia del distretto industriale serico di Bologna (secoli XVI–XIX)«, in: *Quaderni storici* 73 (1990), S. 95; P. Massa, »Tipologia tecnica e organizzazione economica della manodopera serica in alcune esperienze italiane (sec. XIV–XVIII), in: *La seta in Europa (sec. XIII–XX),* Atti delle Settimane di Studi dell'Istituto Internazionale di Storia Economica F. Datini di Prato, hg. von S. Cavaciochi, Florenz 1993, S. 215; C.M. Belfanti, »Rural manufactures and rural proto-industry in the Italy

of the cities from the sixteenth through the eighteenth century«, in: *Continuity and Change* 8:2 (1993), S. 253–280. Zum richtigen Verständnis dieser Zahlen muß man sich vergegenwärtigen, daß die aggregierten Beschäftigungsdaten in den Quellen des *ancien régime* sich fast nie auf ein ganzes Jahr beziehen. Die Arbeit für einen Verleger konnte sich über einige Wochen oder viele Monate erstrecken, die Länge des Arbeitstages konnte zwischen einigen Stunden und bis zu vierzehn oder sechzehn Stunden betragen. Und im allgemeinen schließen diese aggregierten Zahlen die Kinder ein, die ihren Eltern beim Weben, Aufspulen (oder anderen Arbeiten) halfen.

6   C. Poni, »Schizzo di storia del setificio italiano nell'età di Antico Regime«, in: *Annali della Fondazione Luigi Micheletti* 3 (1987), S. 63–64. Vom sechzehnten bis zu achtzehnten Jahrhundert war der Produktionszuwachs von Seidenkokons höher als der jedes anderen Sektors der italienischen Landwirtschaft.

7   W. Panciera, *L'industria laniera della Repubblica di Venezia in età moderna*, in Vorbereitung.

8   Die relevanten Statistiken sind veröffentlicht worden von G. Ganzer, *Arte e impresa nel Settecento in Carnia: Iacopo Linussio*, Udine 1991, S. 18, 21–22, 27, 33, 35.

9   A. Young, *Travels during the year 1787, 1788 and 1789…*, London 1792, S. 249, 467, 509–510. Young gebraucht den geographischen Begriff »Lombardei« im weitesten Sinn und beschreibt beispielsweise Bologna als »die gewerbereichste Stadt in der Lombardei« (ibid., S. 164).

10   R. T. Rapp, *Industry and Economic Decline in Seventeenth Century Venice*, Cambridge, Mass., 1972, S. 9–10.

11   G. Mori, »Industry without industralisation«, in: J. Batou (Hg.), *Between Development and Underdevelopment*, Genf 1991, S. 315–316, 342–345.

12   A. Gerschenkron, *Economic Backwardness in Historical Perspective*, Cambridge, Mass., 1962.

13   Statistica del Regno d'Italia. Popolazione. *Censimento generale* (31. Dezember 1861), Florenz 1866, Bd. III, S. xiii.

14   Zitiert in G. Are, *Il problema dello sviluppo industriale nell'età della Destra*, Pisa 1965, S. 48.

15   G. Federico und G. Toniolo, »Italy«, in: R. Sylla und G. Toniolo (Hg.), *Patterns of European Industrialisation. The Nineteenth Century*, London 1991, S. 203.

16   A. Carreras, »La producción industrial en el muy largo plazo: una comparación entre España e Italia de 1861 a 1980«, in: L. Pra-

140

dos de la Escosura und V. Zamagni (Hg.), *El Desarrollo economico en la Europa del Sur*, Madrid 1992, S. 181.

17 Banca di'Italia. R. De Mattia (Hg.), *Storia delle operazioni degli Istituti di emissione italiani dal 1845 al 1936*, Rom 1990, Bd. II, S. 465.

18 Zitiert in G. Berta, »Un circuito finanziario dell'ottocento: gli Hambro e l'Italia (1851–1881)«, in: *Annali di storia dell'impresa* 6 (1989).

19 P. Hertner, *Il capitale tedesco in Italia dall'unità alla prima guerra mondiale*, Bologna 1984, S. 155.

20 D. N. McCloskey, »The Industrial Revolution«, in: R. Floud und D. N. McCloskey (Hg.), *The Economic History of Britain since 1700*, Cambridge 1981, S. 117.

Die Autoren

Sidney Pollard, heute im Ruhestand, war Professor für Wirtschaftsgeschichte an den Universitäten in Sheffield und Bielefeld. Sein Spezialgebiet ist der Prozeß der Industrialisierung in Großbritannien und Europa.

Phyllis Deane ist Professorin für Wirtschaftsgeschichte in Cambridge. Sie hat mehrere Bücher über den Staat und die Industrielle Revolution geschrieben.

Richard Tilly ist Professor für Wirtschafts- und Sozialgeschichte an der Universität Münster. Er hat mehrere Bücher über die Rolle der Finanzsysteme und des Zollvereins im Industrialisierungsprozeß in Deutschland geschrieben.

Carlo Poni ist Professor für Wirtschaftsgeschichte an der Universität Bologna. Er forscht derzeit über Institutionen und Technologien in der Entwicklungsgeschichte der Industrie.

Giorgio Mori ist Professor für Europäische Wirtschaftsgeschichte an der Universität Florenz. Er arbeitet über die Industriegeschichte Italiens bis zur Gegenwart.

Die Herausgeber

Roy Porter unterrichtet Sozialgeschichte und Medizingeschichte am Wellcome Institute for the History of Medicine der Universität London. Sein gegenwärtiger Forschungsschwerpunkt ist die Geschichte der Hysterie. Im Verlag Klaus Wagenbach erschien 1991 die »Kleine Geschichte der Aufklärung«.

Mikuláš Teich ist Professor (Emeritus) in Cambridge und Honorarprofessor der Technischen Universität Wien. Seine Forschungsschwerpunkte sind die Geschichte der Chemie und der Biochemischen Wissenschaft.

142

Editorischer Hinweis

Die Texte sind dem von Roy Porter und Mikuláš Teich herausgegebenen Band »The Industrial Revolution in national context. Europe and the USA« entnommen, der 1996 in der Cambridge University Press erschienen ist.

Wagenbachs *neue* Taschenbücher

Giampiero Carocci
Kurze Geschichte des amerikanischen Bürgerkriegs
Der Einbruch der Industrie in das Kriegshandwerk
Eine aktuelle, detailreiche und spannende Einführung in den
ersten industrialisierten Krieg der Geschichte.
Aus dem Italienischen von Friederike Hausmann
WAT 281. Deutsche Erstausgabe
160 Seiten mit vielen Abbildungen

Friederike Hausmann
Kleine Geschichte Italiens von 1943 bis heute
»Ein handliches, ebenso sachkundiges wie lesbares Buch, das
den Schlüssel zum Verständnis Italiens liefert.«
Hansjakob Stehle, Die Zeit
Aktualisierte Neuausgabe.
WAT 288. 224 Seiten mit vielen Photos

Iris Origo
»Im Namen Gottes und des Geschäfts«
Lebensbild eines toskanischen Kaufmanns der Frührenaissance
»Iris Origo hat es verstanden, wissenschaftliche Akribie und De-
tailkenntnis mit fesselnder Lebensbeschreibung zu verbinden.«
Herfried Münkler, Frankfurter Allgemeine Zeitung
Aus dem Englischen und Italienischen von Uta-Elisabeth Trott
WAT 290. 504 Seiten mit erweitertem Bildteil

Viviana Zarbo
Die wahre Geschichte des Wilden Westen
Eine informationsreiche (und die einzig lieferbare) Geschichte
der Indianer und Weißen zwischen 1860 und 1890, vom Missis-
sippi bis zu den Rocky Mountains. Die Wirklichkeit der Cow-
boys, Sioux und Apachen und ihre Mythisierung zur Hollywood-
Legende.
Aus dem Italienischen von Moshe Kahn
WAT 278. Deutsche Erstausgabe. 128 Seiten mit zahlreichen Abbildungen

Verlag Klaus Wagenbach   Ahornstraße 4   10787 Berlin